*Die zwölf kleinen Propheten
aus dem Alten Testament der Bibel*

Das Zwölfprophetenbuch

*Die zwölf kleinen Propheten
aus dem Alten Testament der Bibel*

*Übersetzung nach
Martin Luther 1545*

Bibliografische Information der Deutschen Nationalbibliothek:
Die Deutsche Nationalbibliothek verzeichnet diese Publikation
in der Deutschen Nationalbibliografie; detaillierte bibliografische Daten sind im Internet über http://dnb.dnb.de abrufbar.

TWENTYSIX
 Eine Marke der Books on Demand GmbH

Herstellung und Verlag:
BoD – Books on Demand, Norderstedt

ISBN: 978-3-740-76821-8

Layout, Schriftsatz, Formatierung:
Antonia Katharina Tessnow
www.antonia-katharina.de

Inhalt

Der Prophet Hosea - *Themen: Israels Untreue, Gottes Gericht, Gottes Liebe und Wiederherstellung*
Hintergrund: *Die Veranschaulichung von Gottes Liebe für sündige Menschen*

Der Prophet Joel - Themen: *Strafe, Vergebung, Versprechen des Geistes*
Hintergrund: *Menschen vor Gottes bevorstehendem Gericht zu warnen, außer sie wenden sich von ihren Sünden ab*

Der Prophet Amos - Themen: *Selbstzufriedenheit, soziale Gerechtigkeit, oberflächliche Religion*
Hintergrund: *Die Verkündigung Gottes Gericht über Israel für deren Selbstgerechtigkeit, für Götzendienst und die Unterdrückung der Armen*

Der Prophet Obadja - Themen: *Verrat, Gerechtigkeit, Stolz*
Hintergrund: *Die Verurteilung Edoms wegen des Verrats an Jerusalem.*

Der Prophet Jona - Themen: *Gottes Souveränität, Buße, Gottes universelle Barmherzigkeit*
Hintergrund: *Aufzuzeigen, dass Gott will, dass alle Menschen ihn kennenlernen und um ihn wissen werden*

Der Prophet Mica - Themen: *Böse Führer, Ungerechtigkeit der kommende Messias, Wiederherstellung*
Hintergrund: *Gottes Kinder vor dem kommenden Gericht zu warnen und das Angebot der Vergebung für alle, die bereuen*

Der Prophet Nahum - Themen: Beurteilung, Rache, Gerechtigkeit
Hintergrund: Ankündigung des Gerichtes über Assyrien

Der Prophet Habakuk - Themen:
Fragen an Gott, Gottes Souveränität, Hoffnung
Hintergrund: Zu zeigen, dass Gott noch immer souverän ist, trotz des ersichtlichen Triumphs über das Böse

Der Prophet Zephanja - Themen: Der Tag des Herrn, religiöse Selbstzufriedenheit, Wiederherstellung
Hintergrund: Die Menschen aus Juda aus ihrer Selbstzufriedenheit aufrütteln und sie dazu anzuhalten, zu Gott zurück zu kehren

Der Prophet Haggai - Themen: Die richtigen Prioritäten, Fertigstellung des Tempels
Hintergrund: Die Menschen dazu aufrufen, die Wiedererbauung des Tempels zu vollenden

Der Prophet Sacharja - Themen: Wiedererbauung des Tempels, Wiederherstellung, der kommende Messias
Hintergrund: Gottes Kinder Hoffnung zu geben durch die Enthüllung von Gottes zukünftiger Überbringung des Messias

Der Prophet Maleachi - Themen: Gottes Liebe, die Korruption der Priester, die Sünden der Menschen, der Tag des Herrn
Hintergrund: Die Menschen mit ihren Sünden und ihren unaufrichtigen Gottesdiensten und ihrer Korruption zu konfrontieren, sowie ihre Beziehung zu Gott wiederherzustellen

Der Prophet Hosea

Themen:

Israels Untreue, Gottes Gericht, Gottes Liebe und Wiederherstellung

Hintergrund:

Die Veranschaulichung von Gottes Liebe für sündige Menschen

1. Kapitel

Israels Abgötterei und Strafe.

1 Dies ist das Wort des HERRN, das geschehen ist zu Hosea, dem Sohn Beeris, zu der Zeit des Usia, Jotham, Ahas und Hiskia, der Könige Juda's, und zur Zeit Jerobeams, des Sohnes Joas, des Königs in Israel.

2 Da der HERR anfing zu reden durch Hosea, sprach er zu ihm: Gehe hin und nimm ein Hurenweib und Hurenkinder; denn das Land läuft vom HERRN der Hurerei nach.

3 Und er ging hin und nahm Gomer, die Tochter Diblaims, die ward schwanger und gebar ihm einen Sohn.

4 Und der HERR sprach zu ihm: Heiße ihn Jesreel; denn es ist noch um eine kleine Zeit, so will ich die Blutschulden in Jesreel heimsuchen über das Haus Jehu und will mit dem Königreich des Hauses Israel ein Ende machen.

5 Zur selben Zeit will ich den Bogen Israels zerbrechen im Tal Jesreel.

6 Und sie ward abermals schwanger und gebar eine Tochter. Und er sprach zu ihm: Heiße sie Lo-Ruhama; denn ich will mich nicht mehr über das Haus Israel erbarmen, daß ich ihnen vergäbe.

7 Doch will ich mich erbarmen über das Haus Juda und will ihnen helfen durch den HERRN, ihren Gott; ich will ihnen aber nicht helfen durch Bogen, Schwert, Streit, Rosse oder Reiter.

8 Und da sie hatte Lo-Ruhama entwöhnt, ward sie wieder schwanger und gebar einen Sohn.

9 Und er sprach: Heiße ihn Lo-Ammi; denn ihr seid nicht mein Volk, so will ich auch nicht der Eure sein.

10 Es wird aber die Zahl der Kinder in Israel sein wie der Sand am Meer, den man weder messen noch zählen kann. Und es soll geschehen an dem Ort, da man zu ihnen gesagt hat: "Ihr seid nicht mein Volk", wird man zu ihnen sagen: "O ihr Kinder des lebendigen Gottes!"

11 Denn es werden die Kinder Juda und die Kinder Israel zuhauf kommen und werden sich miteinander an ein Haupt halten und aus dem Lande heraufziehen; denn der Tag Jesreels wird ein großer Tag sein.

2. Kapitel

Bund Gottes mit seinem Volk gebrochen und erneuert.

1 Sagt euren Brüdern, sie seien mein Volk, und zu eurer Schwester, sie sei in Gnaden.

2 Sprecht das Urteil über eure Mutter - sie sei nicht mein Weib, und ich will sie nicht haben! -

‚heißt sie ihre Hurerei von ihrem Angesichte wegtun und ihre Ehebrecherei von ihren Brüsten,

3 auf daß ich sie nicht nackt ausziehe und darstelle, wie sie war, da sie geboren ward, und ich sie nicht mache wie ein dürres Land, daß ich sie nicht Durstes sterben lasse

4 und mich ihrer Kinder nicht erbarme, denn sie sind Hurenkinder;

5 denn ihre Mutter ist eine Hure, und die sie getragen hat, hält sich schändlich und spricht: Ich will meinen Buhlen nachlaufen, die mir geben Brot, Wasser, Wolle, Flachs, Öl und Trinken.

6 Darum siehe, ich will deinen Weg mit Dornen vermachen und eine Wand davorziehen, daß sie ihren Steig nicht finden soll;

7 und wenn sie ihren Buhlen nachläuft, daß sie dich nicht ergreifen, und wenn sie dich sucht, sie nicht finden könne und sagen müsse: Ich will wiederum zu meinem vorigen Mann gehen, da mir besser war, denn mir jetzt ist.

8 Denn sie will nicht wissen, daß ich es sei, der ihr gibt Korn, Most und Öl und ihr viel Silber und Gold gegeben hat, das sie haben Baal zu Ehren gebraucht.

9 Darum will ich mein Korn und meinen Most wieder nehmen zu seiner Zeit und ihr meine Wolle und meinen Flachs entziehen, damit sie ihre Blöße bedeckt.

Der Prophet Hosea

10 Nun will ich ihre Schande aufdecken vor den Augen ihrer Buhlen, und niemand soll sie von meiner Hand erretten.

11 Und ich will ein Ende machen mit allen ihren Freuden, Festen, Neumonden, Sabbaten und allen ihren Feiertagen.

12 Ich will ihre Weinstöcke und Feigenbäume wüst machen, weil sie sagt: "Das ist mein Lohn, den mir meine Buhlen gegeben." Ich will einen Wald daraus machen, daß es die wilden Tiere fressen sollen.

13 Also will ich heimsuchen über sie die Tage der Baalim, denen sie Räuchopfer tut und schmückt sich mit Stirnspangen und Halsbändern und läuft ihren Buhlen nach und vergißt mein, spricht der HERR.

14 Darum siehe, ich will sie locken und will sie in die Wüste führen und freundlich mit ihr reden.

15 Da will ich ihr geben ihre Weinberge aus demselben Ort und das Tal Achor zum Tor der Hoffnung. Und daselbst wird sie singen wie zur Zeit ihrer Jugend, da sie aus Ägyptenland zog.

16 Alsdann spricht der HERR, wirst du mich heißen "mein Mann" und mich nicht mehr "mein Baal" heißen.

17 Denn ich will die Namen der Baalim von ihrem Munde wegtun, daß man ihrer Namen nicht mehr gedenken soll.

18 Und ich will zur selben Zeit ihnen einen Bund machen mit den Tieren auf dem Felde, mit den Vögeln unter dem Himmel und mit dem

Gewürm auf Erden und will Bogen, Schwert und Krieg vom Lande zerbrechen und will sie sicher wohnen lassen.

19 Ich will mich mit dir verloben in Ewigkeit; ich will mich mit dir vertrauen in Gerechtigkeit und Gericht, in Gnade und Barmherzigkeit.

20 Ja, im Glauben will ich mich mit dir verloben und du wirst den HERRN erkennen.

21 Zur selben Zeit, spricht der HERR, will ich erhören, ich will den Himmel erhören und der Himmel soll die Erde erhören,

22 und die Erde soll Korn, Most und Öl erhören, und diese sollen Jesreel erhören.

23 Und ich will sie mir auf Erden zum Samen behalten und mich erbarmen über die, so in Ungnaden war, und sagen zu dem, das nicht mein Volk war: Du bist mein Volk; und es wird sagen: Du bist mein Gott.

3. Kapitel

Gottes Langmut wird endlich sein Volk wiedergewinnen.

1 Und der HERR sprach zu mir: Gehe noch einmal hin und buhle um ein buhlerisches und ehebrecherisches Weib, wie denn der HERR um die Kinder Israel buhlt, und sie sich doch zu fremden Göttern kehren und buhlen um eine Kanne Wein.

2 Und ich ward mit ihr eins um fünfzehn Silberlinge und anderthalb Scheffel Gerste

3 und sprach zu ihr: Halt dich als die Meine eine lange Zeit und hure nicht und gehöre keinem andern an; denn ich will mich auch als den Deinen halten.

4 Denn die Kinder Israel werden lange Zeit ohne König, ohne Fürsten, ohne Opfer, ohne Altar, ohne Leibrock und ohne Heiligtum bleiben.

5 Darnach werden sich die Kinder Israel bekehren und den HERRN, ihren Gott, und ihren König David suchen und werden mit Zittern zu dem HERRN und seiner Gnade kommen in der letzten Zeit.

4. Kapitel

Strafrede gegen die Sünden Israels. Juda wird gewarnt, sich nicht auch zu verschulden.

1 Höret, ihr Kinder Israel, des HERRN Wort! denn der HERR hat Ursache, zu schelten, die im Lande wohnen; denn es ist keine Treue, keine Liebe, keine Erkenntnis Gottes im Lande;

2 sondern Gotteslästern, Lügen, Morden, Stehlen und Ehebrechen hat überhandgenommen und eine Blutschuld kommt nach der andern.

3 Darum wird das Land jämmerlich stehen, und allen Einwohnern wird's übel gehen; denn es werden auch die Tiere auf dem Felde und die Vögel unter dem Himmel und die Fische im Meer weggerafft werden.

4 Doch man darf nicht schelten noch jemand strafen; denn dein Volk ist wie die, so den Priester schelten.

5 Darum sollst du bei Tage fallen und der Prophet des Nachts neben dir fallen; also will ich deine Mutter zu Grunde richten.

6 Mein Volk ist dahin, darum daß es nicht lernen will. Denn du verwirfst Gottes Wort; darum will ich dich auch verwerfen, daß du nicht mein Priester sein sollst. Du vergißt das Gesetz deines Gottes; darum will ich auch deine Kinder vergessen.

7 Je mehr ihrer wird, je mehr sie wider mich sündigen; darum will ich ihre Ehre zu Schanden machen.

8 Sie fressen die Sündopfer meines Volks und sind begierig nach ihren Sünden.

9 Darum soll es dem Volk gleich wie dem Priester gehen; denn ich will ihr Tun heimsuchen und ihnen vergelten, wie sie verdienen,

10 daß sie werden essen, und nicht satt werden, Hurerei treiben und sich nicht ausbreiten, darum daß sie den HERRN verlassen haben und ihn nicht achten.

11 Hurerei, Wein und Most machen toll.

12 Mein Volk fragt sein Holz, und sein Stab soll ihm predigen; denn der Hurerei-Geist verführt sie, daß sie wider ihren Gott Hurerei treiben.

13 Oben auf den Bergen opfern sie, und auf den Hügeln räuchern sie, unter den Eichen, Linden und Buchen; denn die haben feinen Schatten. Darum werden eure Töchter auch zu Huren und eure Bräute zu Ehebrechrinnen werden.

14 Und ich will's auch nicht wehren, wenn eure Töchter und Bräute geschändet werden, weil ihr einen andern Gottesdienst anrichtet mit den Huren und opfert mit den Bübinnen. Denn das törichte Volk will geschlagen sein.

15 Willst du, Israel, ja huren, daß sich doch nur Juda nicht auch verschulde. Geht nicht hin gen Gilgal und kommt nicht hinauf gen Beth-Aven und schwört nicht: So wahr der HERR lebt!

16 Denn Israel läuft wie eine tolle Kuh; so wird sie auch der HERR weiden lassen wie ein Lamm in der Irre.

17 Denn Ephraim hat sich zu den Götzen gesellt; so laß ihn hinfahren.

18 Sie haben sich in die Schwelgerei und Hurerei gegeben; ihre Herren haben Lust dazu, daß sie Schande anrichten.

19 Der Wind mit seinen Flügeln wird sie zusammen wegtreiben; sie müssen über ihrem Opfer zu Schanden werden.

5. Kapitel

Drohung gegen beide Königreiche.

1 So hört nun dies, ihr Priester, und merke auf, du Haus Israel, und nimm zu Ohren, du Haus des Königs! denn es wird eine Strafe über euch gehen, die ihr ein Strick zu Mizpa und ein ausgespanntes Netz zu Thabor geworden seid.

2 Mit ihrem Schlachten vertiefen sie sich in ihrem Verlaufen; darum muß ich sie allesamt strafen.

3 Ich kenne Ephraim wohl, und Israel ist vor mir nicht verborgen, daß Ephraim nun eine Hure und Israel unrein ist.

4 Sie denken nicht daran, daß sie sich kehren zu ihrem Gott; denn sie haben einen Hurengeist in ihrem Herzen, und den HERRN kennen sie nicht.

5 Und die Hoffart Israels zeugt wider sie ins Angesicht. Darum sollen beide, Israel und Ephraim, fallen um ihrer Missetat willen; auch soll Juda samt ihnen fallen.

6 Alsdann werden sie kommen mit ihren Schafen und Rindern, den HERRN zu suchen, aber ihn nicht finden; denn er hat sich von ihnen gewandt.

7 Sie verachten den HERRN und zeugen fremde Kinder; darum wird sie auch der Neumond fressen mit ihrem Erbteil.

8 Ja, blaset Posaunen zu Gibea, ja, drommetet zu Rama, ja, ruft zu Beth-Aven: "Hinter dir, Benjamin!"

9 Denn Ephraim soll zur Wüste werden zu der Zeit, wann ich sie strafen werde. Davor habe ich die Stämme Israels treulich gewarnt.

10 Die Fürsten Juda's sind gleich denen, so die Grenze verrücken; darum will ich meinen Zorn über sie ausschütten wie Wasser.

11 Ephraim leidet Gewalt und wird geplagt; daran geschieht ihm recht, denn er hat sich gegeben auf Menschengebot.

12 Ich bin dem Ephraim wie eine Motte und dem Hause Juda wie eine Made.

13 Und da Ephraim seine Krankheit und Juda seine Wunde fühlte, zog Ephraim hin zu Assur und schickte den König Jareb; aber er kann euch nicht helfen noch eure Wunde heilen.

14 Denn ich bin dem Ephraim wie ein Löwe und dem Hause Juda wie ein junger Löwe. Ich, ich zerreiße sie und gehe davon; ich führe sie weg, und niemand kann sie retten.

15 Ich will wiederum an meinen Ort gehen, bis sie ihre Schuld erkennen und mein Angesicht suchen; wenn's ihnen übel geht, so werden sie mich suchen und sagen:

Der Prophet Hosea

6. Kapitel

Gottes Züchtigung führt zur Buße.

1 Kommt, wir wollen wieder zum HERRN; denn er hat uns zerrissen, er wird uns auch heilen; er hat uns geschlagen, er wird uns auch verbinden.
2 Er macht uns lebendig nach zwei Tagen; er wird uns am dritten Tag aufrichten, daß wir vor ihm leben werden.
3 Dann werden wir acht darauf haben und fleißig sein, daß wir den HERRN erkennen. Denn er wird hervorbrechen wie die schöne Morgenröte und wird zu uns kommen wie ein Regen, wie ein Spätregen, der das Land feuchtet.
4 Was soll ich dir tun, Ephraim? was soll ich dir tun, Juda? Denn eure Liebe ist wie eine Morgenwolke und wie ein Tau, der frühmorgens vergeht.
5 Darum schlage ich sie durch die Propheten und töte sie durch meines Mundes Rede, daß mein Recht wie das Licht hervorkomme.
6 Denn ich habe Lust an der Liebe, und nicht am Opfer, und an der Erkenntnis Gottes, und nicht am Brandopfer.
7 Aber sie übertreten den Bund wie Adam; darin verachten sie mich.
8 Denn Gilead ist eine Stadt voll Abgötterei und Blutschulden.

9 Und die Priester samt ihrem Haufen sind wie die Räuber, so da lauern auf die Leute und würgen auf dem Wege, der gen Sichem geht; denn sie tun, was sie wollen.

10 Ich sehe im Hause Israel, davor mir graut; denn da hurt Ephraim und verunreinigt sich Israel.

11 Aber auch Juda wird noch eine Ernte vor sich haben, wenn ich meines Volks Gefängnis wenden werde.

7. Kapitel

Klage über Israel und Ankündigung der verdienten Strafen.

1 Wenn ich Israel heilen will, so findet sich erst die Sünde Ephraims und die Bosheit Samarias, wie sie Lügen treiben und Diebe einsteigen und Räuber draußen plündern;

2 dennoch wollen sie nicht merken, daß ich alle ihre Bosheit merke. Ich sehe aber ihr Wesen wohl, das sie allenthalben treiben.

3 Sie vertrösten den König durch ihre Bosheit und die Fürsten durch ihre Lügen;

4 und sind allesamt Ehebrecher gleichwie ein Backofen, den der Bäcker heizt, wenn er hat ausgeknetet und läßt den Teig durchsäuern und aufgehen.

5 Heute ist unsers Königs Fest sprechen sie, da fangen die Fürsten an, vom Wein toll zu werden; so zieht er die Spötter zu sich.

6 Denn ihr Herz ist in heißer Andacht wie ein Backofen, wenn sie opfern und die Leute betrügen; ihr Bäcker schläft die ganze Nacht, und des Morgens brennt er lichterloh.

7 Allesamt sind sie so heißer Andacht wie ein Backofen, also daß ihre Richter aufgefressen werden und alle ihre Könige fallen; und ist keiner unter ihnen, der mich anrufe.

8 Ephraim mengt sich unter die Völker; Ephraim ist wie ein Kuchen, den niemand umwendet.

9 Fremde fressen seine Kraft, doch will er's nicht merken; er hat auch graue Haare gekriegt, doch will er's nicht merken.

10 Und die Hoffart Israels zeugt wider sie ins Angesicht; dennoch bekehren sie sich nicht zum HERRN, ihrem Gott, fragen auch nicht nach ihm in diesem allem.

11 Denn Ephraim ist wie eine verlockte Taube, die nichts merken will. Jetzt rufen sie Ägypten an, dann laufen sie zu Assur.

12 Aber indem sie hin und her laufen, will ich mein Netz über sie werfen und sie herunterholen wie die Vögel unter dem Himmel; ich will sie strafen, wie man predigt in ihrer Versammlung.

13 Weh ihnen, daß sie von mir weichen! Sie müssen verstört werden; denn sie sind von mir

abtrünnig geworden! Ich wollte sie wohl erlösen, wenn sie nicht wider mich Lügen lehrten.

14 So rufen sie mich auch nicht an von Herzen, sondern Heulen auf ihren Lagern. Sie sammeln sich um Korn und Mosts willen und sind mir ungehorsam.

15 Ich lehre sie und stärke ihren Arm; aber sie denken Böses von mir.

16 Sie bekehren sich, aber nicht recht, sondern sind wie ein falscher Bogen. Darum werden ihre Fürsten durchs Schwert fallen; ihr Drohen soll in Ägyptenland zum Spott werden.

8. Kapitel

Der Feind bricht über das götzendienerische Volk herein

1 Rufe laut wie eine Posaune: Er kommt über das Haus des HERRN wie ein Adler, darum daß sie meinen Bund übertreten und von meinem Gesetz abtrünnig werden.

2 Dann werden sie zu mir schreien: Du bist mein Gott; wir, Israel, kennen dich!

3 Israel verwirft das Gute; darum muß sie der Feind verfolgen.

4 Sie machen Könige, aber ohne mich; sie setzen Fürsten, und ich darf es nicht wissen. Aus ihrem Silber und Gold machen sie Götzen, daß sie ja bald ausgerottet werden.

5 Dein Kalb, Samaria, verwirft er; mein Zorn ist über sie ergrimmt. Es kann nicht lange anstehen, sie müssen gestraft werden.

6 Denn das Kalb ist aus Israel hergekommen, und ein Werkmann hat's gemacht, und es kann ja kein Gott sein; darum soll das Kalb Samarias zerpulvert werden.

7 Denn sie säen Wind und werden Ungewitter einernten; ihre Saat soll nicht aufkommen und ihr Gewächs kein Mehl geben; und ob's geben würde, sollen's doch Fremde fressen.

8 Israel wird aufgefressen; die Heiden gehen mit ihnen um wie mit einem unwerten Gefäß,

9 darum daß sie hinauf zum Assur laufen wie ein Wild in der Irre. Ephraim schenkt den Buhlern und gibt den Heiden Tribut.

10 Dieselben Heiden will ich nun über sie sammeln; sie sollen der Last des Königs der Fürsten bald müde werden.

11 Denn Ephraim hat der Altäre viel gemacht zu sündigen; so sollen auch die Altäre ihm zur Sünde geraten.

12 Wenn ich ihm gleich viel tausend Gebote meines Gesetzes schreibe, so wird's geachtet wie eine Fremde Lehre.

13 Ob sie schon viel opfern und Fleisch herbringen und essen's, so hat doch der HERR kein Gefallen an ihnen; sondern er will ihrer Missetat gedenken und ihre Sünden heimsuchen; sie sollen wieder nach Ägypten kommen!

14 Israel vergißt seines Schöpfers und baut Paläste; so macht Juda viel feste Städte; aber ich will Feuer in seine Städte schicken, welches soll seine Häuser verzehren.

9. Kapitel

Die Freude ist dahin, die Vergeltung ist da.

1 Du darfst dich nicht freuen, Israel, noch rühmen wie die Völker; denn du hurst wider deinen Gott und suchst damit Hurenlohn, daß alle Tennen voll Getreide werden.
2 Darum sollen dich Tenne und Kelter nicht nähren, und der Most soll dir fehlen.
3 Sie sollen nicht bleiben im Lande des HERRN, sondern Ephraim muß wieder nach Ägypten und muß in Assyrien Unreines essen,
4 wo sie dem HERRN kein Trankopfer vom Wein noch etwas zu Gefallen tun können. Ihr Opfer soll sein wie der Betrübten Brot, an welchem unrein werden alle, die davon essen; denn ihr Brot müssen sie für sich selbst essen, und es soll nicht in des HERRN Haus gebracht werden.
5 Was wollt ihr alsdann an den Jahrfesten und an den Feiertagen des HERRN tun?
6 Siehe, sie müssen weg vor dem Verstörer. Ägypten wird sie sammeln, und Moph wird sie begraben. Nesseln werden wachsen, da jetzt ihr

liebes Götzensilber steht, und Dornen in ihren Hütten.

7 Die Zeit der Heimsuchung ist gekommen, die Zeit der Vergeltung; des wird Israel innewerden. Die Propheten sind Narren, und die Rottengeister sind wahnsinnig um deiner großen Missetat und um der großen feindseligen Abgötterei willen.

8 Die Wächter in Ephraim hielten sich vormals an meinen Gott; aber nun sind sie Propheten, die Stricke legen auf allen ihren Wegen durch die feindselige Abgötterei im Hause ihres Gottes.

9 Sie verderben's zu tief wie zur Zeit Gibeas; darum wird er ihrer Missetat gedenken und ihre Sünden heimsuchen.

10 Ich fand Israel in der Wüste wie Trauben und sah eure Väter wie die ersten Feigen am Feigenbaum; aber hernach gingen sie zu Baal-Peor und gelobten sich dem schändlichen Abgott und wurden ja so greulich wie ihre Buhlen.

11 Darum muß die Herrlichkeit Ephraims wie ein Vogel wegfliegen, daß sie weder gebären noch tragen noch schwanger werden sollen.

12 Und ob sie ihre Kinder gleich erzögen, will ich sie doch ohne Kinder machen, daß keine Leute mehr sein sollen. Auch weh ihnen, wenn ich von ihnen gewichen bin!

13 Ephraim, wie ich es ansehe, ist gepflanzt und hübsch wie Tyrus, muß aber nun seine Kinder herauslassen dem Totschläger.

14 HERR, gib ihnen - was willst du ihnen aber geben - ‚gib ihnen unfruchtbare Leiber und versiegte Brüste!

15 Alle ihre Bosheit geschieht zu Gilgal, daselbst bin ich ihnen feind; und ich will sie auch um ihres bösen Wesens willen aus meinem Hause stoßen und ihnen nicht mehr Liebe erzeigen; denn alle Ihre Fürsten sind Abtrünnige.

16 Ephraim ist geschlagen; ihre Wurzel ist verdorrt, daß sie keine Frucht mehr bringen können. Und ob sie gebären würden, will ich doch die liebe Frucht ihres Leibes töten.

17 Mein Gott wird sie verwerfen, darum daß sie ihn nicht hören wollen; und sie müssen unter den Heiden in der Irre gehen.

10. Kapitel

Ohne Gerechtigkeit kein Heil.

1 Israel ist ein ausgebreiteter Weinstock, der seine Frucht trägt. Aber soviel Früchte er hatte, so viel Altäre hatte er gemacht; wo das Land am besten war, da stifteten sie die schönsten Bildsäulen.

2 Ihr Herz ist zertrennt; nun wird sie ihre Schuld finden. Ihre Altäre sollen zerbrochen und ihre Bildsäulen sollen zerstört werden.

3 Alsdann müssen sie sagen: Wir haben keinen König, denn wir fürchteten den HERRN nicht; was kann uns der König nun helfen?

4 Sie reden und schwören vergeblich und machen einen Bund, und solcher Rat grünt auf allen Furchen im Felde wie giftiges Kraut.

5 Die Einwohner zu Samaria sorgen um das Kalb zu Beth-Aven; denn sein Volk trauert darum, und seine Götzenpfaffen zittern seiner Herrlichkeit halben; denn sie wird von ihnen weggeführt.

6 Ja, das Kalb wird nach Assyrien gebracht zum Geschenke dem König Jareb. Also muß Ephraim mit Schanden stehen und Israel schändlich gehen mit seinen Vornehmen.

7 Denn der König zu Samaria ist dahin wie ein Schaum auf dem Wasser.

8 Die Höhen zu Aven sind vertilgt, durch die sich Israel versündigte; Disteln und Dornen wachsen auf ihren Altären. Und sie werden sagen: Ihr Berge bedeckt uns! und: Ihr Hügel, fallt über uns!

9 Israel, du hast seit der Zeit Gibeas gesündigt; dabei sind sie auch geblieben. Aber es soll sie ein Streit, nicht gleich dem zu Gibea, ergreifen, so wider die bösen Leute geschah;

10 sondern ich will sie züchtigen nach meinem Wunsch, daß alle Völker sollen über sie versammelt kommen, wenn ich sie werde strafen um ihre zwei Sünden.

11 Ephraim ist ein Kalb, gewöhnt, daß man es gern drischt. Ich will ihm über seinen schönen Hals fahren; ich will Ephraim retten, Juda soll pflügen und Jakob eggen.

12 Darum säet euch Gerechtigkeit und erntet Liebe; pflüget ein Neues, weil es Zeit ist, den HERRN zu suchen, bis daß er komme und lasse regnen über euch Gerechtigkeit.

13 Denn ihr pflüget Böses und erntet Übeltat und esset Lügenfrüchte.

14 Weil du dich denn verläßt auf dein Wesen und auf die Menge deiner Helden, so soll sich ein Getümmel erheben in deinem Volk, daß alle deine Festen verstört werden, gleichwie Salman verstörte das Haus Arbeels zur Zeit des Streits, da die Mutter samt den Kindern zu Trümmern ging.

15 Ebenso soll's euch zu Beth-El auch gehen um eurer großen Bosheit willen, daß der König Israels frühmorgens untergehe.

11. Kapitel

Gottes brünstiges Erbarmen.

1 Da Israel jung war, hatte ich ihn lieb und rief ihn, meinen Sohn, aus Ägypten.

2 Aber wenn man sie jetzt ruft, so wenden sie sich davon und opfern den Baalim und räuchern den Bildern.

3 Ich nahm Ephraim bei seinen Armen und leitete ihn; aber sie merkten es nicht, wie ich ihnen half.

4 Ich ließ sie ein menschlich Joch ziehen und in Seilen der Liebe gehen und half ihnen das Joch an ihrem Hals tragen und gab ihnen Futter.

5 Sie sollen nicht wieder nach Ägyptenland kommen, sondern Assur soll nun ihr König sein; denn sie wollen sich nicht bekehren.

6 Darum soll das Schwert über ihre Städte kommen und soll ihre Riegel aufreiben und fressen um ihres Vornehmens willen.

7 Mein Volk ist müde, sich zu mir zu kehren; und wenn man ihnen predigt, so richtet sich keiner auf.

8 Was soll ich aus dir machen, Ephraim? Soll ich dich schützen, Israel? Soll ich nicht billig ein Adama aus dir machen und dich wie Zeboim zurichten? Aber mein Herz ist andern Sinnes, meine Barmherzigkeit ist zu brünstig,

9 daß ich nicht tun will nach meinem grimmigen Zorn, noch mich kehren, Ephraim gar zu verderben. Denn ich bin Gott und nicht ein Mensch und bin der Heilige unter dir; ich will aber nicht in die Stadt kommen.

10 Alsdann wird man dem HERRN nachfolgen, und er wird brüllen wie ein Löwe; und wenn er wird brüllen, so werden erschrocken kommen die Kinder, so gegen Abend sind.

11 Und die in Ägypten werden auch erschrocken kommen wie die Vögel, und die im

Lande Assur wie Tauben; und ich will sie in ihre Häuser setzen, spricht der HERR.

12 In Ephraim ist allenthalben Lügen wider mich und im Hause Israel falscher Gottesdienst. Aber auch Juda hält nicht fest an Gott und an dem Heiligen, der treu ist.

12. Kapitel

Der Stammvater Jakob ein Vorbild für sein Volk.

1 Ephraim weidet sich am Winde und läuft dem Ostwind nach und macht täglich der Abgötterei und des Schadens mehr; sie machen mit Assur einen Bund und bringen Balsam nach Ägypten.

2 Darum wird der HERR mit Juda rechten und Jakob heimsuchen nach seinem Wesen und ihm vergelten nach seinem Verdienst.

3 Er hat in Mutterleibe seinen Bruder an der Ferse gehalten, und in seiner Kraft hat er mit Gott gekämpft.

4 Er kämpfte mit dem Engel und siegte, denn er weinte und bat ihn; auch hat er ihn ja zu Beth-El gefunden, und daselbst hat er mit uns geredet.

5 Aber der HERR ist der Gott Zebaoth; HERR ist sein Name.

6 So bekehre dich nun zu deinem Gott, und halte Barmherzigkeit und Recht und hoffe stets auf deinen Gott.

7 Aber Kanaan hat eine falsche Waage in seiner Hand und betrügt gern.

8 Und Ephraim spricht: Ich bin reich, ich habe genug; man wird in aller meiner Arbeit keine Missetat finden, die Sünde sei.

9 Ich aber, der HERR, bin dein Gott aus Ägyptenland her, und der dich noch in den Hütten wohnen läßt, wie man zur Festzeit pflegt,

10 und rede zu den Propheten; und ich bin's, der so viel Weissagung gibt und durch die Propheten sich anzeigt.

11 In Gilead ist Abgötterei, darum werden sie zunichte; und in Gilgal opfern sie Ochsen, darum sollen ihre Altäre werden wie die Steinhaufen an den Furchen im Felde.

12 Jakob mußte fliehen in das Land Syrien, und Israel mußte um ein Weib dienen, und um ein Weib mußte er hüten.

13 Aber hernach führte der HERR Israel aus Ägypten durch einen Propheten und ließ ihn hüten durch einen Propheten.

14 Nun aber erzürnt ihn Ephraim durch seine Götzen; darum wird ihr Blut über sie kommen, und ihr HERR wird ihnen vergelten ihre Schmach, die sie ihm antun.

Der Prophet Hosea

13. Kapitel

Erlösung vom Tod. Der Sünde Verderben.

1 Da Ephraim Schreckliches redete, ward er in Israel erhoben, darnach versündigten sie sich durch Baal und wurden darüber getötet.

2 Aber nun machen sie der Sünden viel mehr und aus ihrem Silber Bilder, wie sie es erdenken können, nämlich Götzen, welche doch eitel Schmiedewerk sind. Dennoch predigen sie von denselben: Wer die Kälber küssen will, der soll Menschen opfern.

3 Darum werden sie sein wie die Morgenwolke und wie der Tau, der frühmorgens vergeht; ja, wie die Spreu, die von der Tenne verweht wird, und wie der Rauch von dem Schornstein.

4 Ich bin aber der HERR, dein Gott, aus Ägyptenland her; und du solltest ja keinen andern Gott kennen denn mich und keinen Heiland als allein mich.

5 Ich nahm mich ja deiner an in der Wüste, im dürren Lande.

6 Aber weil sie geweidet sind, daß sie satt geworden sind und genug haben, erhebt sich ihr Herz; darum vergessen sie mein.

7 So will ich auch werden gegen sie wie ein Löwe, und wie ein Parder auf dem Wege will ich auf sie lauern.

8 Ich will ihnen begegnen wie ein Bär, dem seine Jungen genommen sind, und will ihr

verstocktes Herz zerreißen und will sie daselbst wie ein Löwe fressen; die wilden Tiere sollen sie zerreißen.

9 Israel, du bringst dich in Unglück; denn dein Heil steht allein bei mir.

10 Wo ist dein König hin, der dir helfen möge in allen deinen Städten? und deine Richter, von denen du sagtest: Gib mir Könige und Fürsten?

11 Wohlan, ich gab dir einen König in meinem Zorn, und will ihn dir in meinem Grimm wegnehmen.

12 Die Missetat Ephraims ist zusammengebunden, und seine Sünde ist behalten.

13 Denn es soll ihm wehe werden wie einer Gebärerin. Er ist ein unverständig Kind; denn wenn die Zeit gekommen ist, so will er die Mutter nicht brechen.

14 Aber ich will sie erlösen aus der Hölle und vom Tod erretten. Tod, ich will dir ein Gift sein; Hölle, ich will dir eine Pestilenz sein. Doch ist der Trost vor meinen Augen verborgen.

15 Denn wenn er auch zwischen Brüdern Frucht bringt, so wird doch ein Ostwind des HERRN aus der Wüste herauffahren, daß sein Brunnen vertrocknet und seine Quelle versiegt; und er wird rauben den Schatz alles köstlichen Gerätes.

16 Samaria wird wüst werden, denn sie sind ihrem Gott ungehorsam; sie sollen durchs Schwert fallen, und ihre jungen Kinder zerschmettert und ihre schwangeren Weiber zerrissen werden.

14. Kapitel

Israels Bekehrung und künftige Bitte.

1 Bekehre dich, Israel, zu dem HERR, deinem Gott; denn du bist gefallen um deiner Missetat willen.

2 Nehmt diese Worte mit euch und bekehrt euch zum HERRN und sprecht zu ihm: Vergib uns alle Sünde und tue uns wohl; so wollen wir opfern die Farren unsrer Lippen.

3 Assur soll uns nicht helfen; wir wollen nicht mehr auf Rossen reiten, auch nicht mehr sagen zu den Werken unsrer Hände: "Ihr seid unser Gott"; sondern laß die Waisen bei dir Gnade finden.

4 So will ich ihr Abtreten wieder heilen; gerne will ich sie lieben; denn mein Zorn soll sich von ihnen wenden.

5 Ich will Israel wie ein Tau sein, daß er soll blühen wie eine Rose, und seine Wurzeln sollen ausschlagen wie der Libanon

6 und seine Zweige sich ausbreiten, daß er sei schön wie ein Ölbaum, und soll so guten Geruch geben wie der Libanon.

7 Und sie sollen wieder unter einem Schatten sitzen; von Korn sollen sie sich nähren und blühen wie der Weinstock; sein Gedächtnis soll sein wie der Wein am Libanon.

8 Ephraim, was sollen mir weiter die Götzen? Ich will ihn erhören und führen; ich will sein wie

eine grünende Tanne; an mir soll man deine Frucht finden.

9 Wer ist weise, der dies verstehe, und klug, der dies merke? Denn die Wege des HERRN sind richtig, und die Gerechten wandeln darin; aber die Übertreter fallen darin.

Der Prophet Hosea

Der Prophet Joel

Themen:

Strafe, Vergebung, Versprechen des Geistes

Hintergrund:

Menschen vor Gottes bevorstehendem Gericht zu warnen, außer sie wenden sich von ihren Sünden ab

Der Prophet Joel

1. Kapitel

Heuschreckenplage, ein Vorbild des Tages des Herrn. Klage und Bitte.

1 Dies ist das Wort des HERRN, das geschehen ist zu Joel, dem Sohn Pethuels.

2 Höret dies, ihr Ältesten, und merket auf, alle Einwohner im Lande, ob solches geschehen sei zu euren Zeiten oder zu eurer Väter Zeiten!

3 Saget euren Kindern davon und lasset's eure Kinder ihren Kindern sagen und diese Kinder ihren Nachkommen!

4 Was die Raupen lassen, das fressen die Heuschrecken; und was die Heuschrecken lassen, das fressen die Käfer; und was die Käfer lassen, das frißt das Geschmeiß.

5 Wachet auf, ihr Trunkenen, und weinet, und heulet, alle Weinsäufer, um den Most; denn er ist euch vor eurem Maul weggenommen.

6 Denn es zieht herauf in mein Land ein mächtiges Volk und ohne Zahl; das hat Zähne wie Löwen und Backenzähne wie Löwinnen.

7 Das verwüstet meinen Weinberg und streift meinen Feigenbaum ab, schält ihn und verwirft ihn, daß seine Zweige weiß dastehen.

8 Heule wie eine Jungfrau die einen Sack anlegt um ihren Bräutigam!

9 Denn das Speisopfer und Trankopfer ist vom Hause des HERRN weg, und die Priester, des HERRN Diener, trauern.

10 Das Feld ist verwüstet, und der Acker steht jämmerlich; das Getreide ist verdorben, der Wein steht jämmerlich und das Öl kläglich.

11 Die Ackerleute sehen jämmerlich, und die Weingärtner heulen um den Weizen und die Gerste, daß aus der Ernte auf dem Felde nichts werden kann.

12 So steht der Weinstock auch jämmerlich und der Feigenbaum kläglich; dazu die Granatbäume, Palmbäume, Apfelbäume und alle Bäume auf dem Felde sind verdorrt; denn die Freude der Menschen ist zu Jammer geworden.

13 Begürtet euch nun und klaget, ihr Priester; heulet, ihr Diener des Altars; gehet hinein und lieget in Säcken, ihr Diener meines Gottes! denn es ist Speisopfer und Trankopfer vom Hause eures Gottes weg.

14 Heiliget ein Fasten, rufet die Gemeinde zusammen; versammelt die Ältesten und alle Einwohner des Landes zum Hause des HERRN, eures Gottes, und schreit zum HERRN!

15 O weh des Tages! denn der Tag des HERRN ist nahe und kommt wie ein Verderben vom Allmächtigen.

16 Ist nicht die Speise vor unsern Augen weggenommen und vom Hause unsers Gottes Freude und Wonne?

17 Der Same ist unter der Erde verfault, die Kornhäuser stehen wüst, die Scheunen zerfallen; denn das Getreide ist verdorben.

18 O wie seufzt das Vieh! Die Rinder sehen kläglich, denn sie haben keine Weide, und die Schafe verschmachten.

19 HERR, dich rufe ich an; denn das Feuer hat die Auen in der Wüste verbrannt, und die Flamme hat alle Bäume auf dem Acker angezündet.

20 Es schrieen auch die wilden Tiere zu dir; denn die Wasserbäche sind ausgetrocknet, und das Feuer hat die Auen in der Wüste verbrannt.

2. Kapitel

Weitere Schilderung der Heuschreckenplage.
Ermahnung zur öffentlichen Buße.
Verheißung neuen Segens.

1 Blaset mit der Posaune zu Zion, rufet auf meinem heiligen Berge; erzittert, alle Einwohner im Lande! denn der Tag des HERRN kommt und ist nahe:

2 Ein finstrer Tag, ein dunkler Tag, ein wolkiger Tag, ein nebliger Tag; gleichwie sich die Morgenröte ausbreitet über die Berge, kommt ein großes und mächtiges Volk, desgleichen vormals nicht gewesen ist und hinfort nicht sein wird zu ewigen Zeiten für und für.

3 Vor ihm her geht ein verzehrend Feuer und nach ihm eine brennende Flamme. Das Land ist vor ihm wie ein Lustgarten, aber nach ihm wie eine wüste Einöde, und niemand wird ihm entgehen.

4 Sie sind gestaltet wie Rosse und rennen wie die Reiter.

5 Sie sprengen daher oben auf den Bergen, wie die Wagen rasseln, und wie eine Flamme lodert im Stroh, wie ein mächtiges Volk, das zum Streit gerüstet ist.

6 Die Völker werden sich vor ihm entsetzen, aller Angesichter werden bleich.

7 Sie werden laufen wie die Riesen und die Mauern ersteigen wie die Krieger; ein jeglicher wird stracks vor sich daherziehen und sich nicht säumen.

8 Keiner wird den andern irren; sondern ein jeglicher wird in seiner Ordnung daherfahren und werden durch die Waffen brechen und nicht verwundet werden.

9 Sie werden in der Stadt umherrennen, auf der Mauer laufen und in die Häuser steigen und wie ein Dieb durch die Fenster hineinkommen.

10 Vor ihm zittert das ganze Land und bebt der Himmel; Sonne und Mond werden finster, und die Sterne verhalten ihren Schein.

11 Denn der HERR wird seinen Donner vor seinem Heer lassen her gehen; denn sein Heer ist sehr groß und mächtig, das seinen Befehl wird ausrichten; denn der Tag des HERRN ist

groß und sehr erschrecklich: wer kann ihn leiden?

12 Doch spricht auch jetzt der HERR: Bekehrt euch zu mir von ganzem Herzen mit Fasten, mit Weinen, mit Klagen!

13 Zerreißet eure Herzen und nicht eure Kleider, und bekehret euch zu dem HERRN, eurem Gott! denn er ist gnädig, barmherzig, geduldig und von großer Güte, und ihn reut bald der Strafe.

14 Wer weiß, es mag ihn wiederum gereuen, und er mag einen Segen hinter sich lassen, zu opfern Speisopfer und Trankopfer dem HERRN, eurem Gott.

15 Blaset mit Posaunen zu Zion, heiliget ein Fasten, rufet die Gemeinde zusammen!

16 Versammelt das Volk, heiliget die Gemeinde, sammelt die Ältesten, bringt zuhauf die jungen Kinder und die Säuglinge! Der Bräutigam gehe aus seiner Kammer und die Braut aus ihrem Gemach.

17 Lasset die Priester, des Hauses Diener, weinen zwischen Halle und Altar und sagen: HERR, schone deines Volkes und laß dein Erbteil nicht zu Schanden werden, daß Heiden über sie herrschen! Warum willst du lassen unter den Völkern sagen: Wo ist nun ihr Gott?

18 So wird der HERR um sein Land eifern und sein Volk verschonen.

19 Und der HERR wird antworten und sagen zu seinem Volk: Siehe, ich will euch Getreide, Most

und Öl die Fülle schicken, daß ihr genug daran haben sollt, und will euch nicht mehr lassen unter den Heiden zu Schanden werden,

20 und will den von Mitternacht fern von euch treiben und ihn in ein dürres und wüstes Land verstoßen, sein Angesicht hin zum Meer gegen Morgen und sein Ende hin zum Meer gegen Abend. Er soll verfaulen und stinken; denn er hat große Dinge getan.

21 Fürchte dich nicht, liebes Land, sondern sei fröhlich und getrost; denn der HERR kann auch große Dinge tun.

22 Fürchtet euch nicht, ihr Tiere auf dem Felde; denn die Auen in der Wüste sollen grünen und die Bäume ihre Früchte bringen, und die Feigenbäume und Weinstöcke sollen wohl tragen.

23 Und ihr, Kinder Zions, freut euch und seid fröhlich im HERRN, eurem Gott, der euch Lehrer zur Gerechtigkeit gibt und euch herabsendet Frühregen und Spätregen wie zuvor,

24 daß die Tenne voll Korn werden und die Keltern Überfluß von Most und Öl haben sollen.

25 Und ich will euch die Jahre erstatten, welche die Heuschrecken, Käfer, Geschmeiß und Raupen, mein großes Heer, so ich unter euch schickte, gefressen haben;

26 daß ihr zu essen genug haben sollt und den Namen des HERRN, eures Gottes, preisen, der Wunder unter euch getan hat; und mein Volk soll nicht mehr zu Schanden werden.

27 Und ihr sollt erfahren, daß ich mitten unter Israel sei und daß ich, der HERR, euer Gott sei und keiner mehr; und mein Volk soll nicht mehr zu Schanden werden.

3. Kapitel

Ausgießung des Heiligen Geistes

1. (4, 28) Und nach diesem will ich meinen Geist ausgießen über alles Fleisch, und eure Söhne und Töchter sollen weissagen; eure Ältesten sollen Träume haben, und eure Jünglinge sollen Gesichte sehen;
2. (4, 29) auch will ich zur selben Zeit über Knechte und Mägde meinen Geist ausgießen.
3. (4, 30) Und ich will Wunderzeichen geben am Himmel und auf Erden: Blut, Feuer und Rauchdampf;
4. (4, 31) die Sonne soll in Finsternis und der Mond in Blut verwandelt werden, ehe denn der große und schreckliche Tag des HERRN kommt.
5. (4, 32) Und es soll geschehen, wer des HERRN Namen anrufen wird, der soll errettet werden. Denn auf dem Berge Zion und zu Jerusalem wird eine Errettung sein, wie der HERR verheißen hat, auch bei den andern übrigen, die der HERR berufen wird.

4. Kapitel (3. Kapitel)

Strafgericht Gottes über die Feinde. Errettung und gesegneter Zustand des Volkes Gottes.

1 Denn siehe, in den Tagen und zur selben Zeit, wann ich das Gefängnis Juda's und Jerusalems wenden werde,

2 will ich alle Heiden zusammenbringen und will sie in das Tal Josaphat hinabführen und will mit ihnen daselbst rechten wegen meines Volks und meines Erbteils Israel, weil sie es unter die Heiden zerstreut und sich mein Land geteilt

3 und das Los um mein Volk geworfen haben; und haben die Knaben um Speise gegeben und die Mägdlein um Wein verkauft und vertrunken.

4 Und ihr von Tyrus und Sidon und alle Kreise der Philister, was habt ihr mit mir zu tun? Wollt ihr mir trotzen? Wohlan, trotzet ihr mir, so will ich's euch eilend und bald wiedervergelten auf euren Kopf.

5 Die ihr mein Silber und Gold und meine schönen Kleinode genommen und in eure Tempel gebracht habt,

6 dazu auch die Kinder Juda und die Kinder Jerusalems verkauft habt den Griechen, auf daß ihr sie ja fern von ihren Grenzen brächtet.

7 Siehe, ich will sie erwecken aus dem Ort, dahin ihr sie verkauft habt, und will's euch vergelten auf euren Kopf.

8 Und will eure Söhne und Töchter wiederum verkaufen durch die Kinder Juda; die sollen sie denen in Reicharabien, einem Volk in fernen Landen, verkaufen; denn der HERR hat's geredet.

9 Rufet dies aus unter den Heiden! Heiliget einen Streit! Erwecket die Starken! Lasset herzukommen und hinaufziehen alle Kriegsleute!

10 Macht aus euren Pflugscharen Schwerter und aus euren Sicheln Spieße! der Schwache spreche: Ich bin stark!

11 Rottet euch und kommt her, alle Heiden um und um, und versammelt euch! Daselbst führe du hernieder, HERR, deine Starken!

12 Die Heiden werden sich aufmachen und heraufkommen zum Tal Josaphat; denn daselbst will ich sitzen, zu richten alle Heiden um und um.

13 Schlagt die Sichel an, denn die Ernte ist reif; kommt herab, denn die Kelter ist voll, und die Kufen laufen über; denn ihre Bosheit ist groß.

14 Es werden Haufen über Haufen Volks sein im Tal des Urteils; denn des HERRN Tag ist nahe im Tal des Urteils.

15 Sonne und Mond werden sich verfinstern, und die Sterne werden ihren Schein verhalten.

16 Und der HERR wird aus Zion brüllen und aus Jerusalem seine Stimme lassen hören, daß Himmel und Erde beben wird. Aber der HERR wird seinem Volk eine Zuflucht sein und eine Feste den Kindern Israel.

Der Prophet Joel

17 Und ihr sollt es erfahren, daß ich, der HERR, euer Gott, zu Zion auf meinem heiligen Berge wohne. Alsdann wird Jerusalem heilig sein und kein Fremder mehr durch sie wandeln.

18 Zur selben Zeit werden die Berge von süßem Wein triefen und die Hügel von Milch fließen, und alle Bäche in Juda werden voll Wasser gehen; und wird eine Quelle vom Hause des HERRN herausgehen, die wird das Tal Sittim wässern.

19 Aber Ägypten soll wüst werden und Edom eine wüste Einöde um den Frevel, an den Kindern Juda begangen, daß sie unschuldig Blut in ihrem Lande vergossen haben.

20 Aber Juda soll ewiglich bewohnt werden und Jerusalem für und für.

21 Und ich will ihr Blut nicht ungerächt lassen. Und der HERR wird wohnen zu Zion.

Der Prophet Joel

Der Prophet Amos

Themen:
Selbstzufriedenheit, soziale Gerechtigkeit, oberflächliche Religion

Hintergrund:
Die Verkündigung Gottes Gericht über Israel für deren Selbstgerechtigkeit, für Götzendienst und die Unterdrückung der Armen

Der Prophet Amos

1. Kapitel

Strafrede über die Nachbarn der Israeliten.

1 Dies ist's, was Amos, der unter den Hirten zu Thekoa war, gesehen hat über Israel zur Zeit Usias, des Königs in Juda, und Jerobeams, des Sohnes Joas, des Königs Israels, zwei Jahre vor dem Erdbeben.
2 Und er sprach: Der HERR wird aus Zion brüllen und seine Stimme aus Jerusalem hören lassen, daß die Auen der Hirten jämmerlich stehen werden und der Karmel oben verdorren wird.
3 So spricht der HERR: Um drei und vier Frevel willen der Damasker will ich ihrer nicht schonen, darum daß sie Gilead mit eisernen Zacken gedroschen haben;
4 sondern ich will ein Feuer schicken in das Haus Hasaels, das soll die Paläste Benhadads verzehren.
5 Und ich will die Riegel zu Damaskus zerbrechen und die Einwohner auf dem Felde Aven samt dem, der das Zepter hält, aus dem Lusthause ausrotten, daß das Volk in Syrien soll gen Kir weggeführt werden, spricht der HERR.
6 So spricht der HERR: Um drei und vier Frevels willen Gazas will ich ihrer nicht schonen, darum

daß sie die Gefangenen alle weggeführt und an Edom überantwortet haben;

7 sondern ich will ein Feuer in die Mauern zu Gaza schicken, das soll ihre Paläste verzehren.

8 Und ich will die Einwohner aus Asdod und den, der das Zepter hält, aus Askalon ausrotten und meine Hand wider Ekron kehren, daß umkommen soll, was von den Philistern noch übrig ist, spricht der HERR.

9 So spricht der HERR: Um drei und vier Frevel willen der Stadt Tyrus will ich ihrer nicht schonen, darum daß sie die Gefangenen alle an Edom überantwortet haben und nicht gedacht an den Bund der Brüder;

10 sondern ich will ein Feuer in die Mauern zu Tyrus schicken, das soll ihre Paläste verzehren.

11 So spricht der HERR: Um drei und vier Frevel willen Edoms will ich sein nicht schonen, darum daß er seinen Bruder mit dem Schwert verfolgt hat und daß er alles Erbarmen von sich getan und immer wütet in seinem Zorn und seinem Grimm ewig hält;

12 sondern ich will ein Feuer schicken gen Theman, das soll die Paläste zu Bozra verzehren.

13 So spricht der HERR: Um drei und vier Frevel willen der Kinder Ammon will ich ihrer nicht schonen, darum daß sie die Schwangeren in Gilead zerrissen haben, damit sie ihre Grenze weiter machten;

14 sondern ich will ein Feuer anzünden in den Mauern Rabbas, das soll ihre Paläste verzehren,

wenn man rufen wird zur Zeit des Streits und wenn das Wetter kommen wird zur Zeit des Sturms.

15 Da wird dann ihr König samt seinen Fürsten gefangen weggeführt werden, spricht der HERR.

2. Kapitel

Strafrede über Moab, Juda und Israel.

1 So spricht der HERR: Um drei und vier Frevel willen Moabs will ich ihrer nicht schonen, darum daß sie die Gebeine des Königs zu Edom haben zu Asche verbrannt;

2 sondern ich will ein Feuer schicken nach Moab, das soll die Paläste zu Karioth verzehren; und Moab soll sterben im Getümmel und Geschrei und Posaunenhall.

3 Und ich will den Richter unter ihnen ausrotten und alle ihre Fürsten samt ihm erwürgen, spricht der HERR.

4 So spricht der HERR: Um drei und vier Frevel willen Juda's will ich sein nicht schonen, darum daß sie des HERRN Gesetz verachten und seine Rechte nicht halten und lassen sich ihre Lügen verführen, welchen ihre Väter nachgefolgt sind;

5 sondern ich will ein Feuer nach Juda schicken, das soll die Paläste zu Jerusalem verzehren.

6 So spricht der HERR: Um drei und vier Frevel willen Israels will ich ihrer nicht schonen, darum

daß sie die Gerechten um Geld und die Armen um ein Paar Schuhe verkaufen.

7 Sie treten den Kopf der Armen in den Kot und hindern den Weg der Elenden. Es geht Sohn und Vater zur Dirne, daß sie meinen heiligen Namen entheiligen.

8 Und bei allen Altären schlemmen sie auf den verpfändeten Kleidern und trinken Wein in ihrer Götter Hause von den Gebüßten.

9 Und ich habe doch den Amoriter vor ihnen her vertilgt, der so hoch war wie die Zedern und seine Macht wie die Eichen; und ich vertilgte oben seine Frucht und unten seine Wurzel.

10 Auch habe ich euch aus Ägyptenland geführt und vierzig Jahre in der Wüste geleitet, daß ihr der Amoriter Land besäßet.

11 Und habe aus euren Kindern Propheten auferweckt und Gottgeweihte aus euren Jünglingen. Ist's nicht also, ihr Kinder Israel? spricht der HERR.

12 So gebt ihr den Geweihten Wein zu trinken und gebietet den Propheten und sprecht: Ihr sollt nicht weissagen!

13 Siehe, ich will's unter euch knarren machen, wie ein Wagen voll Garben knarrt,

14 daß der, so schnell ist, soll nicht entfliehen noch der Starke etwas vermögen und der Mächtige nicht soll sein Leben retten können;

15 und die Bogenschützen sollen nicht bestehen, und der schnell laufen kann, soll nicht

Der Prophet Amos

entlaufen, und der da reitet, soll sein Leben nicht erretten;

16 und der unter den Starken der mannhafteste ist, soll nackt entfliehen müssen zu der Zeit, spricht der HERR.

3. Kapitel

*Wie das Propheten Wort,
so kommt Israels Strafe vom Herrn.*

1 Höret, was der HERR mit euch redet, ihr Kinder Israel, mit allen Geschlechtern, die ich aus Ägyptenland geführt habe:

2 Aus allen Geschlechtern auf Erden habe ich allein euch erkannt; darum will ich auch euch heimsuchen in all eurer Missetat.

3 Mögen auch zwei miteinander wandeln, sie seien denn eins untereinander?

4 Brüllt auch ein Löwe im Walde, wenn er keinen Raub hat? Schreit auch ein junger Löwe aus seiner Höhle, er habe denn etwas gefangen?

5 Fällt auch ein Vogel in den Strick auf der Erde, da kein Vogler ist? Hebt man auch den Strick auf von der Erde, der noch nichts gefangen hat?

6 Bläst man auch die Posaune in einer Stadt, daß sich das Volk davor nicht entsetze? Ist auch ein Unglück in der Stadt, daß der HERR nicht tue?

7 Denn der Herr, HERR, tut nichts, er offenbare denn sein Geheimnis den Propheten, seinen Knechten.

8 Der Löwe brüllt; wer sollte sich nicht fürchten? Der Herr, HERR, redet; wer sollte nicht weissagen?

9 Verkündigt in den Palästen zu Asdod und in den Palästen im Lande Ägypten und sprecht: Sammelt euch auf die Berge Samarias und sehet, welch ein großes Zetergeschrei und Unrecht darin ist!

10 Sie achten keines Rechts, spricht der HERR, sammeln Schätze von Frevel und Raub in ihren Palästen.

11 Darum spricht der Herr, HERR also: man wird dies Land ringsumher bedrängen und dich von deiner Macht herunterreißen und deine Häuser plündern.

12 So spricht der HERR: Gleichwie ein Hirte dem Löwen zwei Kniee oder ein Ohrläpplein aus dem Maul reißt, also sollen die Kinder Israel herausgerissen werden, die zu Samaria sitzen in der Ecke des Ruhebettes und auf dem Lager von Damast.

13 Höret und zeuget im Hause Jakob, spricht der Herr, HERR, der Gott Zebaoth.

14 Denn zu der Zeit, wann ich die Sünden Israels heimsuchen werde, will ich die Altäre zu Beth-El heimsuchen und die Hörner des Altars abbrechen, daß sie zu Boden fallen sollen,

15 und will beide, Winterhaus und Sommerhaus, schlagen, und die elfenbeinernen Häuser sollen untergehen und viele Häuser verderbt werden, spricht der HERR.

4. Kapitel

Drohung wider die Obersten in Israel.

1 Höret dies Wort, ihr fetten Kühe, die ihr auf dem Berge Samarias seid und den Dürftigen Unrecht tut und untertretet die Armen und sprecht zu euren Herren: Bringe her, laß uns saufen!
 2 Der Herr, HERR, hat geschworen bei seiner Heiligkeit: Siehe, es kommt die Zeit über euch, daß man euch wird herausziehen mit Angeln und eure Nachkommen mit Fischhaken.
 3 Und ihr werdet zu den Lücken hinausgehen, eine jegliche vor sich hin, und gen Harmon weggeworfen werden, spricht der HERR.
 4 Ja, kommt her gen Beth-El und treibt Sünde, und gen Gilgal, daß ihr der Sünden viel macht, und bringt eure Opfer des Morgens und eure Zehnten des dritten Tages,
 5 und räuchert vom Sauerteig zum Dankopfer und ruft aus freiwillige Opfer und verkündigt es; denn so habt ihr's gern, ihr Kinder Israel, spricht der Herr, HERR.

6 Darum habe ich euch auch in allen euren Städten müßige Zähne gegeben und Mangel am Brot an allen euren Orten; doch bekehrtet ihr euch nicht zu mir, spricht der HERR.

7 Auch habe ich den Regen über euch verhalten, da noch drei Monate waren bis zur Ernte; und ließ regnen über eine Stadt und auf die andere Stadt ließ ich nicht regnen; ein Acker ward beregnet, und der andere Acker, der nicht beregnet ward, verdorrte.

8 Und es zogen zwei, drei Städte zu einer Stadt, daß sie Wasser trinken möchten, und konnten nicht genug finden; doch bekehrtet ihr euch nicht zu mir, spricht der HERR.

9 Ich plagte euch mit dürrer Zeit und mit Brandkorn; so fraßen auch die Raupen alles, was in euren Gärten und Weinbergen, auf euren Feigenbäumen und Ölbäumen wuchs; doch bekehrtet ihr euch nicht zu mir, spricht der HERR.

10 Ich schickte Pestilenz unter euch gleicherweise wie in Ägypten; ich tötete eure junge Mannschaft durchs Schwert und ließ eure Pferde gefangen wegführen und ließ den Gestank von eurem Heerlager in eure Nasen gehen; doch bekehrtet ihr euch nicht zu mir, spricht der HERR.

11 Ich kehrte unter euch um, wie Gott Sodom und Gomorra umkehrte, daß ihr waret wie ein Brand, der aus dem Feuer gerissen wird; doch

bekehrtet ihr euch nicht zu mir, spricht der HERR.

12 Darum will ich dir weiter also tun, Israel. Weil ich denn dir also tun will, so schicke dich, Israel, und begegne deinem Gott.

13 Denn siehe, er ist's, der die Berge macht, den Wind schafft und zeigt dem Menschen, was er im Sinn hat. Er macht die Morgenröte und die Finsternis; er tritt einher auf den Höhen der Erde, er heißt HERR, Gott Zebaoth.

5. Kapitel

Klagelied und Ruf zur Buße.
Der bloße äußerliche Gottesdienst hilft nichts.

1 Höret, ihr vom Hause Israel, dies Wort! denn ich muß dies Klagelied über euch machen:

2 Die Jungfrau Israel ist gefallen, daß sie nicht wieder aufstehen wird; sie ist zu Boden gestoßen, und ist niemand, der ihr aufhelfe.

3 Denn so spricht der Herr, HERR: Die Stadt, da tausend ausgehen, soll nur hundert übrig behalten; und da hundert ausgehen, die soll nur zehn übrig behalten im Hause Israel.

4 Darum, so spricht der HERR zum Hause Israel: Suchet mich, so werdet ihr leben.

5 Suchet nicht Beth-El und kommet nicht gen Gilgal und gehet nicht gen Beer-Seba; den

Gilgal wird gefangen weggeführt werden, und Beth-El wird Beth-Aven werden.

6 Suchet den HERRN, so werdet ihr leben! daß nicht ein Feuer im Hause Joseph überhand nehme, das da verzehre und das niemand löschen könne zu Beth-El;

7 die ihr das Recht in Wermut verkehrt und die Gerechtigkeit zu Boden stoßt.

8 Er machte die Plejaden und den Orion; der aus der Finsternis den Morgen und aus dem Tag die finstere Nacht macht; der dem Wasser im Meer ruft und schüttet es auf den Erdboden: er heißt HERR;

9 der über den Starken eine Verstörung anrichtet und bringt eine Verstörung über die feste Stadt.

10 Aber sie sind dem gram, der sie im Tor straft, und halten den für einen Greuel, der heilsam lehrt.

11 Darum, weil ihr die Armen unterdrückt und nehmt das Korn mit großen Lasten von ihnen, so sollt ihr in den Häusern nicht wohnen, die ihr von Werkstücken gebaut habt, und den Wein nicht trinken, den ihr in den feinen Weinbergen gepflanzt habt.

12 Denn ich weiß euer Übertreten, des viel ist, und eure Sünden, die stark sind, wie ihr die Gerechten drängt und Blutgeld nehmt und die Armen im Tor unterdrückt.

13 Darum muß der Kluge zur selben Zeit schweigen; denn es ist eine böse Zeit.

14 Suchet das Gute und nicht das Böse, auf daß ihr leben möget, so wird der HERR, der Gott Zebaoth, bei euch sein, wie ihr rühmet.

15 Hasset das Böse und liebet das Gute; bestellt das Recht im Tor, so wird der HERR, der Gott Zebaoth, den übrigen in Joseph gnädig sein.

16 Darum so spricht der HERR, der Gott Zebaoth, der HERR: Es wird in allen Gassen Wehklagen sein, und auf allen Straßen wird man sagen: "Weh! weh!", und man wird den Ackermann zum Trauern rufen, und zum Wehklagen, wer da weinen kann.

17 In allen Weinbergen wird Wehklagen sein; denn ich will unter euch fahren, spricht der HERR.

18 Weh denen, die des HERRN Tag begehren! Was soll er euch? Denn des HERRN Tag ist Finsternis und nicht Licht.

19 Gleich als wenn jemand vor dem Löwen flöhe, und ein Bär begegnete ihm; und er käme in ein Haus und lehnte sich mit der Hand an die Wand, und eine Schlange stäche ihn.

20 Denn des HERRN Tag wird ja finster und nicht licht sein, dunkel und nicht hell.

21 Ich bin euren Feiertagen gram und verachte sie und mag eure Versammlungen nicht riechen.

22 Und ob ihr mir gleich Brandopfer und Speisopfer opfert so habe ich keinen Gefallen daran; so mag ich auch eure feisten Dankopfer nicht ansehen.

23 Tue nur weg von mir das Geplärr deiner Lieder; denn ich mag dein Psalterspiel nicht hören!

24 Es soll aber das Recht offenbart werden wie Wasser und die Gerechtigkeit wie ein starker Strom.

25 Habt ihr vom Hause Israel mir in der Wüste die vierzig Jahre lang Schlachtopfer und Speisopfer geopfert?

26 Ihr truget den Sikkuth, euren König, und Chiun, euer Bild, den Stern eurer Götter, welche ihr euch selbst gemacht hattet.

27 So will ich euch wegführen lassen jenseit Damaskus, spricht der HERR, der Gott Zebaoth heißt.

6. Kapitel

Drohung gegen die Üppigkeit und den Übermut der Vornehmen in Juda und Israel.

1 Weh den Stolzen zu Zion und denen, die sich auf den Berg Samarias verlassen, den Vornehmsten des Erstlings unter den Völkern, und zu denen das Haus Israel kommt!

2 Gehet hin gen Kalne und schauet, und von da gen Hamath, die große Stadt, und ziehet hinab gen Gath der Philister, welche bessere Königreiche gewesen sind denn diese und ihre Grenze weiter denn eure Grenze.

3 Die ihr euch weit vom bösen Tag achtet und trachtet immer nach Frevelregiment,

4 und schlaft auf elfenbeinernen Lagern und prangt auf euren Ruhebetten; ihr eßt die Lämmer aus der Herde und die gemästeten Kälber,

5 und spielt auf dem Psalter und erdichtet euch Lieder wie David,

6 und trinkt Wein aus den Schalen und salbt euch mit Balsam und bekümmert euch nicht um den Schaden Josephs.

7 Darum sollen sie nun vornan gehen unter denen, die gefangen weggeführt werden, und soll das Schlemmen der Pranger aufhören.

8 Denn der Herr, HERR, hat geschworen bei seiner Seele, spricht der HERR, der Gott Zebaoth: Mich verdrießt die Hoffart Jakobs, und ich bin ihren Palästen gram; und ich will auch die Stadt übergeben mit allem, was darin ist.

9 Und wenngleich zehn Männer in einem Hause übrigbleiben, sollen sie doch sterben,

10 daß einen jeglichen sein Vetter und der ihn verbrennen will, nehmen und die Gebeine aus dem Hause tragen muß und sagen zu dem, der in den Gemächern des Hauses ist: Sind ihrer auch noch mehr da? und der wird antworten: Sie sind alle dahin! Und er wird sagen: Sei still! denn man darf des Namens des HERRN nicht gedenken.

11 Denn siehe, der HERR hat geboten, daß man die großen Häuser schlagen soll, daß sie Risse

gewinnen, und die kleinen Häuser, daß sie Lücken gewinnen.

12 Wer kann mit Rossen rennen oder mit Ochsen pflügen auf Felsen? Denn ihr wandelt das Recht in Galle und die Frucht der Gerechtigkeit in Wermut

13 und tröstet euch des, das so gar nichts ist, und sprecht: Sind wir denn nicht stark genug mit unsern Hörnern?

14 Darum siehe, ich will über euch vom Hause Israel ein Volk erwecken, spricht der HERR, der Gott Zebaoth, das soll euch ängsten von dem Ort an, da man gen Hamath geht, bis an den Bach in der Wüste.

7. Kapitel

Drei Gesichte von den künftigen Strafgerichten über Israel und Jerobeams Haus. Amos von Amazia verklagt, kündigt auch diesem sein Strafgericht an.

1 Der Herr, HERR, zeigte mir ein Gesicht, und siehe, da stand einer, der machte Heuschrecken im Anfang, da das Grummet aufging; und siehe, das Grummet stand, nachdem der König hatte mähen lassen. [Dies liess Gott der HERR mich sehen: Sieh, er formte einen Schwarm Heuschrecken, als die Spätsaat zu wachsen begann. Und sieh, die Spätsaat kommt, nachdem der König gemäht hat. (1)]

2 Als sie nun das Kraut im Lande gar abgefressen hatten, sprach ich: Ach Herr, HERR, sei gnädig! Wer will Jakob wieder aufhelfen? denn er ist ja gering.

3 Da reute es den HERRN und er sprach: Wohlan, es soll nicht geschehen.

4 Der Herr, HERR, zeigte mir ein Gesicht, und siehe, der Herr, HERR, rief dem Feuer, damit zu strafen; das verzehrte die große Tiefe und fraß das Ackerland.

5 Da sprach ich: Ach Herr, HERR, laß ab! Wer will Jakob wieder aufhelfen? denn er ist ja gering.

6 Da reute den HERRN das auch, und der Herr, HERR, sprach: Es soll auch nicht geschehen.

7 Er zeigte mir abermals ein Gesicht, und siehe, der HERR stand auf einer Mauer, mit einer Bleischnur gemessen; und er hatte die Bleischnur in seiner Hand.

8 Und der HERR sprach zu mir: Was siehst du, Amos? Ich sprach: Eine Bleischnur. Da sprach der HERR zu mir: Siehe, ich will eine Bleischnur ziehen mitten durch mein Volk Israel und ihm nichts mehr übersehen;

9 sondern die Höhen Isaaks sollen verwüstet und die Heiligtümer Israels zerstört werden, und ich will mit dem Schwert mich über das Haus Jerobeam machen.

10 Da sandte Amazja, der Priester zu Beth-El, zu Jerobeam, dem König Israels, und ließ ihm sagen: Der Amos macht einen Aufruhr wider

dich im Hause Israel; das Land kann seine Worte nicht ertragen.

11 Denn so spricht Amos: Jerobeam wird durchs Schwert sterben, und Israel wird aus diesem Lande gefangen weggeführt werden.

12 Und Amazja sprach zu Amos: Du Seher, gehe weg und flieh ins Land Juda und iß Brot daselbst und weissage daselbst.

13 Und weissage nicht mehr zu Beth-El; denn es ist des Königs Heiligtum und des Königreichs Haus.

14 Amos antwortete und sprach zu Amazja: Ich bin kein Prophet, auch keines Propheten Sohn, sondern ich bin ein Hirt, der Maulbeeren abliest;

15 aber der HERR nahm mich von der Herde und sprach zu mir: Geh hin und weissage meinem Volk Israel!

16 So höre nun des Herrn Wort. Du sprichst: Weissage nicht wider Israel und predige nicht wider das Haus Isaak!

17 Darum spricht der HERR also: Dein Weib wird in der Stadt zur Hure werden, und deine Söhne und Töchter sollen durchs Schwert fallen, und dein Acker soll durch die Schnur ausgeteilt werden; du aber sollst in einem unreinen Lande sterben, und Israel soll aus seinem Lande vertrieben werden.

Der Prophet Amos

8. Kapitel

Die Züchtigung soll in dem wucherischen Israel ein vergebliches Hungern nach Gottes Wort erwecken.

1 Der Herr, HERR, zeigte mir ein Gesicht, und siehe, da stand ein Korb mit reifem Obst.

2 Und er sprach: Was siehst du, Amos? Ich aber antwortete: Einen Korb mit reifem Obst. Da sprach der HERR zu mir: Das Ende ist gekommen über mein Volk Israel; ich will ihm nichts mehr übersehen.

3 Und die Lieder in dem Palaste sollen in ein Heulen verkehrt werden zur selben Zeit, spricht der Herr, HERR; es werden viele Leichname liegen an allen Orten, die man in der Stille hinwerfen wird.

4 Hört dies, die ihr den Armen unterdrückt und die Elenden im Lande verderbt

5 und sprecht: "Wann will denn der Neumond ein Ende haben, daß wir Getreide verkaufen, und der Sabbat, daß wir Korn feilhaben mögen und das Maß verringern und den Preis steigern und die Waage fälschen,

6 auf daß wir die Armen um Geld und die Dürftigen um ein Paar Schuhe unter uns bringen und Spreu für Korn verkaufen?"

7 Der HERR hat geschworen wider die Hoffart Jakobs: Was gilt's, ob ich solcher ihrer Werke ewig vergessen werde?

8 Sollte nicht um solches willen das ganze Land erbeben müssen und alle Einwohner trauern? Ja, es soll ganz wie mit einem Wasser überlaufen werden und weggeführt und überschwemmt werden wie mit dem Fluß Ägyptens.

9 Zur selben Zeit, spricht der Herr, HERR, will ich die Sonne am Mittag untergehen lassen und das Land am hellen Tage lassen finster werden.

10 Ich will eure Feiertage in Trauern und alle eure Lieder in Wehklagen verwandeln; ich will über alle Lenden den Sack binden und alle Köpfe kahl machen, und will ihnen ein Trauern schaffen, wie man über einen einzigen Sohn hat; und sie sollen ein jämmerlich Ende nehmen.

11 Siehe, es kommt die Zeit, spricht der Herr, HERR, daß ich einen Hunger ins Land schicken werde, nicht einen Hunger nach Brot oder Durst nach Wasser, sondern nach dem Wort des HERRN, zu hören;

12 daß sie hin und her von einem Meer zum andern, von Mitternacht gegen Morgen umlaufen und des HERRN Wort suchen, und doch nicht finden werden.

13 Zu der Zeit werden die schönen Jungfrauen und die Jünglinge verschmachten vor Durst,

14 die jetzt schwören bei dem Fluch Samarias und sprechen: "So wahr dein Gott zu Dan lebt! so wahr die Weise zu Beer-Seba lebt!" Denn sie sollen also fallen, daß sie nicht wieder aufstehen.

9. Kapitel

*Schreckliches Strafgericht über Israel.
Verheißung einer gnadenreichen Zeit.*

1 Ich sah den HERRN auf dem Altar stehen, und er sprach: Schlage an den Knauf, daß die Pfosten beben und die Stücke ihnen allen auf den Kopf fallen; und ihre Nachkommen will ich mit dem Schwert erwürgen, daß keiner entfliehen noch irgend einer entgehen soll.
 2 Und wenn sie sich gleich in die Hölle vergrüben, soll sie doch meine Hand von dort holen; und wenn sie gen Himmel führen, will ich sie doch herunterstoßen;
 3 und wenn sie sich gleich versteckten oben auf dem Berge Karmel, will ich sie doch daselbst suchen und herabholen; und wenn sie sich vor meinen Augen verbürgen im Grunde des Meeres, so will ich doch den Schlangen befehlen, die sie daselbst stechen sollen;
 4 und wenn sie vor ihren Feinden hin gefangen gingen, so will ich doch dem Schwert befehlen, daß es sie daselbst erwürgen soll. Denn ich will meine Augen über sie halten zum Unglück und nicht zum Guten.
 5 Denn der Herr, HERR Zebaoth, ist ein solcher: Wenn er ein Land anrührt, so zerschmilzt es, daß alle Einwohner trauern müssen; daß es soll ganz überlaufen werden wie mit einem Wasser und

überschwemmt werden wie mit dem Fluß Ägyptens.

6 Er ist's, der seinen Saal in den Himmel baut und seine Hütte auf Erden gründet; er ruft dem Wasser im Meer und schüttet's auf das Erdreich, er heißt HERR.

7 Seid ihr Kinder Israel mir nicht gleichwie Mohren? spricht der HERR. Habe ich nicht Israel aus Ägyptenland geführt und die Philister aus Kaphthor und die Syrer aus Kir?

8 Siehe, die Augen des Herrn, HERRN, sehen auf das sündige Königreich, daß ich's vom Erdboden vertilge; wiewohl ich das Haus Jakob nicht ganz und gar vertilgen will, spricht der HERR.

9 Denn siehe, ich will befehlen und das Haus Israel unter alle Heiden sichten lassen, gleichwie man mit einem Sieb sichtet, und kein Körnlein soll auf die Erde fallen.

10 Alle Sünder in meinem Volk sollen durchs Schwert sterben, die da sagen: Es wird das Unglück nicht so nahe sein noch uns begegnen.

11 Zur selben Zeit will ich die zerfallene Hütte Davids wieder aufrichten und ihre Lücken verzäunen, und was abgebrochen ist, wieder aufrichten und will sie bauen wie sie vorzeiten gewesen ist,

12 auf daß sie besitzen die übrigen zu Edom und alle Heiden, über welche mein Namen genannt ist, spricht der HERR, der solches tut.

Der Prophet Amos

13 Siehe, es kommt die Zeit, spricht der HERR, daß man zugleich ackern und ernten und zugleich keltern und säen wird; und die Berge werden von süßem Wein triefen, und alle Hügel werden fruchtbar sein.

14 Denn ich will das Gefängnis meines Volkes Israel wenden, daß sie sollen die wüsten Städte bauen und bewohnen, Weinberge pflanzen und Wein davon trinken, Gärten machen und Früchte daraus essen.

15 Denn ich will sie in ihr Land pflanzen, daß sie nicht mehr aus ihrem Lande ausgerottet werden, das ich ihnen gegeben habe, spricht der HERR, dein Gott.

Der Prophet Amos

Der Prophet Obadja

Themen:

Verrat, Gerechtigkeit, Stolz

Hintergrund:

Die Verurteilung Edoms wegen des Verrats an Jerusalem

Der Prophet Obadja

1. Kapitel

Weissagung von der Strafe der schadenfrohen Edomiter und von der Erlösung Israels

1 Dies ist das Gesicht Obadjas. So spricht der Herr HERR von Edom: Wir haben vom Herrn gehört, daß eine Botschaft unter die Heiden gesandt sei: Wohlauf, und laßt uns wider sie streiten.

2 Siehe, ich habe dich gering gemacht unter den Heiden und sehr verachtet.

3 Der Hochmut deines Herzens hat dich betrogen, weil du in der Felsen Klüften wohnst, in deinen hohen Schlössern, und sprichst in deinem Herzen: Wer will mich zu Boden stoßen?

4 Wenn du gleich in die Höhe führest wie ein Adler und machtest dein Nest zwischen den Sternen, dennoch will ich dich von dort herunterstürzen, spricht der Herr.

5 Wenn Diebe oder Räuber zu Nacht über dich kommen werden, wie sollst du so zunichte werden! Ja, sie sollen genug stehlen; und wenn die Weinleser über dich kommen, so sollen sie dir kein Nachlesen übriglassen.

6 Wie sollen sie dann Esau ausforschen und seine Schätze suchen!

7 Alle deine eigenen Bundesgenossen werden dich zum Lande hinausstoßen; die Leute, auf die

du deinen Trost setztest, werden dich betrügen und überwältigen; die dein Brot essen, werden dich verraten, ehe du es merken wirst.

8 Was gilt's? spricht der Herr, ich will zur selben Zeit die Weisen zu Edom zunichte machen und die Klugheit auf dem Gebirge Esau.

9 Und deine Starken zu Theman sollen zagen, auf daß alle auf dem Gebirge Esau ausgerottet werden durch Morden.

10 Um des Frevels willen, an deinem Bruder Jakob begangen, sollst du zu Schanden werden und ewiglich ausgerottet sein.

11 Zu der Zeit, da du wider ihn standest, da die Fremden sein Heer gefangen wegführten und Ausländer zu seinen Toren einzogen und über Jerusalem das Los warfen, da warst du gleich wie deren einer.

12 Du sollst nicht mehr so deine Lust sehen an deinem Bruder zur Zeit seines Elends und sollst dich nicht freuen über die Kinder Juda zur Zeit ihres Jammers und sollst mit deinem Maul nicht so stolz reden zur Zeit Ihrer Angst;

13 du sollst nicht zum Tor meines Volkes einziehen zur Zeit ihres Jammers; du sollst nicht deine Lust sehen an ihrem Unglück zur Zeit ihres Jammers; du sollst nicht nach seinem Gut greifen zur Zeit seines Jammers;

14 du sollst nicht stehen an den Wegscheiden, seine Entronnenen zu morden; du sollst seine übrigen nicht verraten zur Zeit der Angst.

Der Prophet Obadja

15 Denn der Tag des Herrn ist nahe über alle Heiden. Wie du getan hast, soll dir wieder geschehen; und wie du verdient hast, so soll dir's wieder auf deinen Kopf kommen.

16 Denn wie ihr auf meinem heiligen Berge getrunken habt, so sollen alle Heiden täglich trinken; ja, sie sollen's aussaufen und verschlingen und sollen sein, als wären sie nie gewesen.

17 Aber auf dem Berge Zion wird eine Errettung sein, und er soll heilig sein, und das Haus Jakob soll seine Besitzer besitzen.

18 Und das Haus Jakob soll ein Feuer werden und das Haus Joseph eine Flamme, aber das Haus Esau Stroh; das werden sie anzünden und verzehren, daß dem Hause Esau nichts übrigbleibe; denn der Herr hat's geredet.

19 Und die gegen Mittag werden das Gebirge Esau, und die in den Gründen werden die Philister besitzen; ja sie werden das Feld Ephraims und das Feld Samarias besitzen, und Benjamin das Gebirge Gilead.

20 Und die Vertriebenen dieses Heeres der Kinder Israel, so unter den Kanaanitern bis gen Zarpath sind, und die Vertriebenen der Stadt Jerusalem, die zu Sepharad sind, werden die Städte gegen Mittag besitzen.

21 Und es werden Heilande heraufkommen auf den Berg Zion, das Gebirge Esau zu richten; und das Königreich wird des Herrn sein.

Der Prophet Obadja

Der Prophet Jona

Themen:
Gottes Souveränität, Buße, Gottes universelle Barmherzigkeit

Hintergrund:
Aufzuzeigen, dass Gott will, dass alle Menschen ihn kennenlernen und um ihn wissen werden

Der Prophet Jona

1. Kapitel

Des Propheten Berufung, Ungehorsam und Strafe.

1 Es geschah das Wort des Herrn zu Jona, dem Sohn Amitthais, und sprach:

2 Mache dich auf und gehe in die große Stadt Ninive und predige wider sie! denn ihre Bosheit ist heraufgekommen vor mich.

3 Aber Jona machte sich auf und floh vor dem Herrn und wollte gen Tharsis und kam hinab gen Japho. Und da er ein Schiff fand, das gen Tharsis wollte fahren, gab er Fährgeld und trat hinein, daß er mit ihnen gen Tharsis führe vor dem Herrn.

4 Da ließ der Herr einen großen Wind aufs Meer kommen, und es erhob sich ein großes Ungewitter auf dem Meer, daß man meinte, das Schiff würde zerbrechen.

5 Und die Schiffsleute fürchteten sich und schrieen, ein jeglicher zu seinem Gott, und warfen das Gerät, das im Schiff war, ins Meer, daß es leichter würde. Aber Jona war hinunter in das Schiff gestiegen, lag und schlief.

6 Da trat zu ihm der Schiffsherr und sprach zu ihm: Was schläfst du? Stehe auf, rufe deinen Gott an! ob vielleicht Gott an uns gedenken wollte, daß wir nicht verdürben.

7 Und einer sprach zum andern: Kommt, wir wollen losen, daß wir erfahren, um welches willen es uns so übel gehe. Und da sie losten traf's Jona.

8 Da sprachen sie zu ihm: Sage uns, warum geht es uns so übel? was ist dein Gewerbe, und wo kommst du her? Aus welchem Lande bist du, und von welchem Volk bist du?

9 Er sprach zu ihnen: Ich bin ein Hebräer und fürchte den Herrn, den Gott des Himmels, welcher gemacht hat das Meer und das Trockene.

10 Da fürchteten sich die Leute sehr und sprachen zu ihm: Warum hast du denn solches getan? denn sie wußten, daß er vor dem Herr floh; denn er hatte es ihnen gesagt.

11 Da sprachen sie zu ihm: Was sollen wir denn mit dir tun, daß uns das Meer still werde? Denn das Meer fuhr ungestüm.

12 Er sprach zu ihnen: Nehmt mich und werft mich ins Meer, so wird euch das Meer still werden. Denn ich weiß, daß solch groß Ungewitter über euch kommt um meinetwillen.

13 Und die Leute trieben, daß sie wieder zu Lande kämen; aber sie konnten nicht, denn das Meer fuhr ungestüm wider sie.

14 Da riefen sie zu dem Herrn und sprachen: Ach Herr, laß uns nicht verderben um dieses Mannes Seele willen und rechne uns nicht zu unschuldig Blut! denn du, Herr, tust, wie dir's gefällt.

15 Und sie nahmen Jona und warfen ihn ins Meer; das stand das Meer still von seinem Wüten.

16 Und die Leute fürchteten den Herrn sehr und taten dem Herrn Opfer und Gelübde.

2. Kapitel

Des Jona Gebet und Erlösung

1 Aber der Herr verschaffte einen großen Fisch, Jona zu verschlingen. Und Jona war im Leibe des Fisches drei Tage und drei Nächte.

2 Und Jona betete zu dem Herrn, seinem Gott, im Leibe des Fisches.

3 Und sprach: Ich rief zu dem Herrn in meiner Angst, und er antwortete mir; ich schrie aus dem Bauche der Hölle, und du hörtest meine Stimme.

4 Du warfest mich in die Tiefe mitten im Meer, daß die Fluten mich umgaben; alle deine Wogen und Wellen gingen über mich,

5 daß ich gedachte, ich wäre von deinen Augen verstoßen, ich würde deinen heiligen Tempel nicht mehr sehen.

6 Wasser umgaben mich bis an mein Leben, die Tiefe umringte mich; Schilf bedeckte mein Haupt.

7 Ich sank hinunter zu der Berge Gründen, die Erde hatte mich verriegelt ewiglich; aber du hast

mein Leben aus dem Verderben geführt, Herr, mein Gott.

8 Da meine Seele bei mir verzagte, gedachte ich an den Herrn; und mein Gebet kam zu dir in deinen heiligen Tempel.

9 Die da halten an dem Nichtigen, verlassen ihre Gnade.

10 Ich aber will mit Dank dir opfern, mein Gelübde will ich bezahlen; denn die Hilfe ist des Herrn.

10 Und der Herr sprach zum Fisch, und der spie Jona aus ans Land.

3. Kapitel

Des Propheten furchtbare Bußpredigt in Ninive.

1 Und es geschah das Wort des Herrn zum andernmal zu Jona und sprach:

2 Mache dich auf, gehe in die große Stadt Ninive und predige ihr die Predigt, die ich dir sage!

3 Da machte sich Jona auf und ging hin gen Ninive, wie der Herr gesagt hatte. Ninive aber war eine große Stadt vor Gott, drei Tagereisen groß.

4 Und da Jona anfing hineinzugehen eine Tagereise in die Stadt, predigte er und sprach: Es sind noch vierzig Tage, so wird Ninive untergehen.

5 Da glaubten die Leute zu Ninive an Gott und ließen predigen, man sollte fasten, und zogen Säcke an, beide, groß und klein.

6 Und da das vor den König zu Ninive kam, stand er auf von seinem Thron und legte seinen Purpur ab und hüllte einen Sack um sich und setzte sich in die Asche

7 und ließ ausrufen und sagen zu Ninive nach Befehl des Königs und seiner Gewaltigen also: Es sollen weder Mensch noch Vieh, weder Ochsen noch Schafe Nahrung nehmen, und man soll sie nicht weiden noch sie Wasser trinken lassen;

8 und sollen Säcke um sich hüllen, beide, Menschen und Vieh, und zu Gott rufen heftig; und ein jeglicher bekehre sich von seinem bösen Wege und vom Frevel seiner Hände.

9 Wer weiß? Es möchte Gott wiederum gereuen und er sich wenden von seinem grimmigen Zorn, daß wir nicht verderben.

10 Da aber Gott sah ihre Werke, daß sie sich bekehrten von ihrem bösen Wege, reute ihn des Übels, das er geredet hatte ihnen zu tun, und tat's nicht.

4. Kapitel

Jona wegen seiner Unzufriedenheit über die Verschonung, Ninives von Gott zurechtgewiesen.

1 Das verdroß Jona gar sehr, und er ward zornig

2 und betete zum Herrn und sprach: Ach Herr, das ist's, was ich sagte, da ich noch in meinem Lande war; darum ich auch wollte zuvorkommen, zu fliehen gen Tharsis; denn ich weiß, daß du gnädig, barmherzig, langmütig und von großer Güte bist und läßt dich des Übels reuen.

3 So nimm doch nun, Herr, meine Seele von mir; denn ich wollte lieber tot sein als leben.

4 Aber der Herr sprach: Meinst du, daß du billig zürnst?

5 Und Jona ging zur Stadt hinaus und setzte sich morgenwärts von der Stadt und machte sich daselbst eine Hütte; darunter setzte er sich in den Schatten, bis er sähe, was der Stadt widerfahren würde.

6 Gott der Herr aber verschaffte einen Rizinus, der wuchs über Jona, daß er Schatten gäbe über sein Haupt und errettete ihn von seinem Übel; und Jona freute sich sehr über den Rizinus.

7 Aber Gott verschaffte einen Wurm des Morgens, da die Morgenröte anbrach; der stach den Rizinus, daß er verdorrte.

8 Als aber die Sonne aufgegangen war, verschaffte Gott einen dürren Ostwind; und die Sonne stach Jona auf den Kopf, daß er matt ward. Da wünschte er seiner Seele den Tod und sprach: Ich wollte lieber tot sein als leben.

9 Da sprach Gott zu Jona: Meinst du, daß du billig zürnst um den Rizinus? Und er sprach: Billig zürne ich bis an den Tod.

10 Und der Herr sprach: Dich jammert des Rizinus, daran du nicht gearbeitet hast, hast ihn auch nicht aufgezogen, welcher in einer Nacht ward und in einer Nacht verdarb;

11 und mich sollte nicht jammern Ninives, solcher großen Stadt, in welcher sind mehr denn hundert und zwanzigtausend Menschen, die nicht wissen Unterschied, was rechts oder links ist, dazu auch viele Tiere?

Der Prophet Jona

Der Prophet Jona

Der Prophet Mica

Themen:

Böse Führer, Ungerechtigkeit der kommende Messias, Wiederherstellung

Hintergrund:

Gottes Kinder vor dem kommenden Gericht zu warnen und das Angebot der Vergebung für alle, die bereuen

Der Prophet Mica

1. Kapitel

Verheerung der beiden Königreiche Juda und Israel um der Abgötterei willen.

1 Dies ist das Wort des Herrn, welches geschah zu Micha von Moreseth zur Zeit des Jotham, Ahas und Hiskia, der Könige Juda's, das er gesehen hat über Samaria und Jerusalem.

2 Hört, alle Völker! merke auf, Land, und alles, was darinnen ist! denn Gott der HERR hat mit euch zu reden, ja, der HERR aus seinem heiligen Tempel.

3 Denn siehe, der HERR wird ausgehen aus seinem Ort und herabfahren und treten auf die Höhen im Lande,

4 daß die Berge unter ihm schmelzen und die Täler reißend werden, gleichwie Wachs vor dem Feuer zerschmilzt, wie die Wasser, so niederwärts fließen.

5 Das alles um der Übertretung willen Jakobs und um der Sünden willen des Hauses Israel. Welches ist aber die Übertretung Jakobs? Ist's nicht Samaria? Welches sind aber die Höhen Juda's? Ist's nicht Jerusalem?

6 Und ich will Samaria zum Steinhaufen im Felde machen, daß man ihre Steine um die Weinberge legt, und will ihre Steine ins Tal schleifen und sie bis zum Grund einbrechen.

7 Alle ihre Götzen sollen zerbrochen und all ihr Hurenlohn soll mit Feuer verbrannt werden; und ich will ihre Bilder verwüsten, denn sie sind von Hurenlohn zusammengebracht und sollen auch wieder Hurenlohn werden.

8 Darüber muß ich klagen und heulen, ich muß beraubt und bloß dahergehen; ich muß klagen wie die Schakale und trauern wie die Strauße.

9 Denn es ist kein Rat für ihre Plage, die bis gen Juda kommen und bis an meines Volkes Tor, bis Jerusalem hinanreichen wird.

10 Verkündigt's ja nicht zu Gath; laßt euer Weinen nicht hören zu Akko; in Beth-Leaphra setzt euch in die Asche.

11 Du Einwohnerin Saphirs mußt dahin mit allen Schanden; die Einwohnerin Zaenans wird nicht ausziehen; das Leid Beth-Haezels wird euch wehren, daß ihr da euch lagert.

12 Die Einwohnerin Maroths vermag sich nicht zu trösten; denn es wird das Unglück vom Herrn kommen auch bis an das Tor Jerusalems.

13 Du Stadt Lachis, spanne Renner an und fahre davon! denn du bist der Tochter Zion der Anfang zur Sünde, und in dir sind gefunden die Übertretungen Israels.

14 Du wirst dich müssen scheiden von Moreseth-Gath. Mit der Stadt Achsib wird's den Königen Israels fehlgehen.

15 Ich will dir, Maresa, den rechten Erben bringen und die Herrlichkeit Israels soll kommen bis gen Adullam.

Der Prophet Mica

16 Laß die Haare abscheren und gehe kahl um deiner zarten Kinder willen; mache dich ganz kahl wie ein Adler, denn sie sind von dir gefangen weggeführt.

2. Kapitel

Wehe über die Ungerechten, die am Lügenwort ihre Freude haben. Verheißung einer Gnadenzeit.

1 Weh denen, die Schaden zu tun trachten und gehen mit bösen Tücken um auf ihrem Lager, daß sie es früh, wenn's licht wird, vollbringen, weil sie die Macht haben.
2 Sie reißen Äcker an sich und nehmen Häuser, welche sie gelüstet; also treiben sie Gewalt mit eines jeden Hause und mit eines jeden Erbe.
3 Darum spricht der HERR also: Siehe, ich gedenke über dies Geschlecht Böses, daß ihr euren Hals nicht daraus ziehen und daß ihr nicht so stolz dahergehen sollt; denn es soll eine böse Zeit sein.
4 Zur selben Zeit wird man einen Spruch von euch machen und klagen: Es ist aus (wird man sagen), wir sind verstört. Meines Volkes Land wird eines fremden Herrn. Wann wird er uns die Äcker wieder zuteilen, die er uns genommen hat?
5 Jawohl, ihr werdet keinen Teil behalten in der Gemeinde des HERRN.

6 Predigt nicht! predigen sie, denn solche Predigt trifft uns nicht; wir werden nicht so zu Schanden werden.

7 Das Haus Jakob tröstet sich also: Meinst du, der Herr sei schnell zum Zorn? Sollte er solches tun wollen? Es ist wahr, meine Reden sind freundlich den Frommen.

8 Aber mein Volk hat sich aufgemacht wie ein Feind, denn sie rauben beides, Rock und Mantel, denen, so sicher dahergehen, gleich wie die, so aus dem Kriege kommen.

9 Ihr treibt die Weiber meines Volkes aus ihren lieben Häusern und nehmt von ihren jungen Kindern meinen Schmuck auf immer.

10 Darum macht euch auf! Ihr müßt davon, ihr sollt hier nicht bleiben; um ihrer Unreinigkeit willen müssen sie unsanft zerstört werden.

11 Wenn ich ein Irrgeist wäre und ein Lügenprediger und predigte, wie sie saufen und schwelgen sollten, das wäre eine Predigt für dies Volk.

12 Ich will aber dich, Jakob, versammeln ganz und die übrigen in Israel zuhauf bringen; ich will sie wie Schafe miteinander in einen festen Stall tun und wie eine Herde in ihre Hürden, daß es von Menschen tönen soll.

13 Es wird ein Durchbrecher vor ihnen herauffahren; sie werden durchbrechen und zum Tor ausziehen; und ihr König wird vor ihnen her gehen und der HERR vornean.

3. Kapitel

Strafe der Häupter im weltlichen geistlichen Stande. Ankündigung der Zerstörung Jerusalems.

1 Und ich sprach: Höret doch, ihr Häupter im Hause Jakob und ihr Fürsten im Hause Israel! Ihr solltet's billig sein, die das Recht wüßten.

2 Aber ihr hasset das Gute und liebet das Arge; ihr schindet ihnen die Haut ab und das Fleisch von ihren Gebeinen

3 und fresset das Fleisch meines Volkes; und wenn ihr ihnen die Haut abgezogen habt, zerbrecht ihr ihnen auch die Gebeine und zerlegt's wie in einen Topf und wie Fleisch in einen Kessel.

4 Darum, wenn ihr nun zum HERRN schreien werdet, wird er euch nicht erhören, sondern wird sein Angesicht vor euch verbergen zur selben Zeit, wie ihr mit euren bösen Wesen verdient habt.

5 So spricht der HERR wider die Propheten, so mein Volk verführen: Sie predigen es solle wohl gehen, wo man ihnen zu fressen gibt; wo man aber ihnen nichts ins Maul gibt, da predigen sie, es müsse Krieg kommen.

6 Darum soll euer Gesicht zur Nacht und euer Wahrsagen zur Finsternis werden. Die Sonne soll über den Propheten untergehen und der Tag über ihnen finster werden.

7 Und die Seher sollen zu Schanden und die Wahrsager zu Spott werden und müssen alle ihren Mund verhüllen, weil da kein Gotteswort sein wird.

8 Ich aber bin voll Kraft und Geistes des Herrn, voll Rechts und Stärke, daß ich Jakob sein Übertreten und Israel seine Sünden anzeigen darf.

9 So hört doch dies, ihr Häupter im Hause Jakob und ihr Fürsten im Hause Israel, die ihr das Recht verschmäht und alles, was aufrichtig ist, verkehrt;

10 die ihr Zion mit Blut baut und Jerusalem mit Unrecht:

11 Ihre Häupter richten um Geschenke, ihre Priester lehren um Lohn, und ihre Propheten wahrsagen um Geld, verlassen sich auf den Herrn und sprechen: Ist nicht der Herr unter uns? Es kann kein Unglück über uns kommen.

12 Darum wird Zion um euretwillen wie ein Acker gepflügt werden, und Jerusalem wird zum Steinhaufen werden und der Berg des Tempels zu einer wilden Höhe.

4. Kapitel

Vom Reich des Messias; Wiederkehr und Erlösung Israels nach hartem Weh.

1 In den letzten Tagen aber wird der Berg, darauf des HERRN Haus ist, fest stehen, höher denn alle Berge, und über die Hügel erhaben sein, und die Völker werden dazu laufen,

2 und viele Heiden werden gehen und sagen: Kommt, laßt uns hinauf zum Berge des HERRN gehen und zum Hause des Gottes Jakobs, daß er uns lehre seine Wege und wir auf seiner Straße wandeln! Denn aus Zion wird das Gesetz ausgehen und des HERRN Wort aus Jerusalem.

3 Er wird unter großen Völkern richten und viele Heiden strafen in fernen Landen. Sie werden ihre Schwerter zu Pflugscharen und ihre Spieße zu Sicheln machen. Es wird kein Volk wider das andere ein Schwert aufheben und werden nicht mehr kriegen lernen.

4 Ein jeglicher wird unter seinem Weinstock und Feigenbaum wohnen ohne Scheu; denn der Mund des Herrn Zebaoth hat's geredet.

5 Denn ein jegliches Volk wandelt im Namen seines Gottes; aber wir wandeln im Namen des HERRN, unsers Gottes, immer und ewiglich.

6 Zur selben Zeit, spricht der Herr, will ich die Lahmen versammeln und die Verstoßenen zuhauf bringen und die ich geplagt habe.

7 Und will die Lahmen machen, daß sie Erben haben sollen, und die Verstoßenen zum großen Volk machen; und der HERR wird König über sie sein auf dem Berge Zion von nun an bis in Ewigkeit.

8 Und du, Turm Eder, du Feste der Tochter Zion, zu dir wird kommen und einkehren die vorige Herrschaft, das Königreich der Tochter Jerusalem.

9 Warum schreist du denn jetzt so laut? Ist der König nicht bei dir? oder sind deine Ratgeber alle hinweg, daß dich also das Weh angekommen ist wie eine in Kindsnöten?

10 Leide doch solch Weh und kreiße, du Tochter Zion, wie eine in Kindsnöten. Denn du mußt nun zur Stadt hinaus und auf dem Felde wohnen und gen Babel kommen; aber daselbst wirst du errettet werden, daselbst wird dich der Herr erlösen von deinen Feinden.

11 Nun aber werden sich viele Heiden wider dich rotten und sprechen: Sie soll entweiht werden; wir wollen unsere Lust an Zion sehen.

12 Aber sie wissen des Herrn Gedanken nicht und merken seinen Ratschlag nicht, daß er sie zuhauf gebracht hat wie Garben auf der Tenne.

13 Darum mache dich auf und drisch, du Tochter Zion! Denn ich will dir eiserne Hörner und eherne Klauen machen, und sollst viel Völker zermalmen; so will ich ihr Gut dem HERRN verbannen und ihre Habe dem Herrscher der ganzen Welt.

5. Kapitel

*Von Christi Geburtsstadt und Gnadenreich.
Israels Herrlichkeit und Bekehrung.*

1 Aber nun, du Kriegerin, rüste dich! denn man wird uns belagern und den Richter Israels mit der Rute auf den Backen schlagen.

2 Und du Bethlehem Ephrata, die du klein bist unter den Städten in Juda, aus dir soll mir kommen, der in Israel HERR sei, welches Ausgang von Anfang und von Ewigkeit her gewesen ist.

3 Indes läßt er sie plagen bis auf die Zeit, daß die, so gebären soll, geboren habe; da werden dann die übrigen seiner Brüder wiederkommen zu den Kindern Israel.

4 Er wird aber auftreten und weiden in der Kraft des Herrn und im Sieg des Namens des Herrn, seines Gottes. Und sie werden wohnen; denn er wird zur selben Zeit herrlich werden, soweit die Welt ist.

5 Und er wird unser Friede sein. Wenn Assur in unser Land fällt und in unsre Häuser bricht, so werden wir sieben Hirten und acht Fürsten wider ihn bestellen,

6 die das Land Assur verderben mit dem Schwert und das Land Nimrods mit ihren bloßen Waffen. Also wird er uns von Assur erretten, wenn er in unser Land fallen und in unsre Grenzen brechen wird.

7 Und es werden die übrigen aus Jakob unter vielen Völkern sein, wie ein Tau vom HERRN und wie die Tröpflein aufs Gras, das auf niemand harrt noch auf Menschen wartet.

8 Ja, die übrigen aus Jakob werden unter den Heiden bei vielen Völkern sein wie ein Löwe unter den Tieren im Walde, wie ein junger Löwe unter einer Herde Schafe, welchem niemand wehren kann, wenn er dadurch geht, zertritt und zerreißt.

9 Denn deine Hand wird siegen wider alle deine Widersacher, daß alle deine Feinde müssen ausgerottet werden.

10 Zur selben Zeit, spricht der Herr, will ich deine Rosse von dir tun und deine Wagen zunichte machen;

11 und will die Städte deines Landes ausrotten und alle deine Festen zerbrechen.

12 Und will die Zauberer bei dir ausrotten, daß keine Zeichendeuter bei dir bleiben sollen.

13 Ich will deine Bilder und Götzen von dir ausrotten, daß du nicht mehr sollst anbeten deiner Hände Werk.

14 Und will deine Ascherabilder zerbrechen und deine Städte vertilgen.

15 Und will Rache üben mit Grimm und Zorn an allen Heiden, so nicht gehorchen wollen.

Der Prophet Mica

6. Kapitel

*Des Volkes Undank. Die Opfer, die Gott gefallen.
Die Ernte einer bösen Saat.*

1 Höret doch, was der HERR sagt: Mache dich auf und rechte vor den Bergen und laß die Hügel deine Stimme hören!

2 Höret, ihr Berge, wie der HERR rechten will, und ihr starken Grundfesten der Erde; denn der HERR will mit seinem Volk rechten und will Israel strafen.

3 Was habe ich dir getan, mein Volk, und womit habe ich dich beleidigt? Das sage mir!

4 Habe ich dich doch aus Ägyptenland geführt und aus dem Diensthause erlöst und vor dir her gesandt Mose, Aaron und Mirjam.

5 Mein Volk, denke doch daran, was Balak, der König in Moab, vorhatte und was ihm Bileam, der Sohn Beors, antwortete, von Sittim an bis gen Gilgal; daran ihr ja merken solltet, wie der HERR euch alles Gute getan hat.

6 Womit soll ich den HERRN versöhnen, mich bücken vor dem hohen Gott? Soll ich mit Brandopfern und jährigen Kälbern ihn versöhnen?

7 Wird wohl der Herr Gefallen haben an viel tausend Widdern, an unzähligen Strömen Öl? Oder soll ich meinen ersten Sohn für meine Übertretung geben, meines Leibes Frucht für die Sünde meiner Seele?

8 Es ist dir gesagt, Mensch, was gut ist und was der Herr von dir fordert, nämlich Gottes Wort halten und Liebe üben und demütig sein vor deinem Gott.

9 Es wird des Herrn Stimme über die Stadt rufen; aber wer deinen Namen fürchtet, dem wird's gelingen. Höret, ihr Stämme, was gepredigt wird!

10 Noch bleibt Unrecht Gut in des Gottlosen Hause und das heillose geringe Maß.

11 Oder sollte ich die unrechte Waage und falsche Gewichte im Beutel billigen,

12 durch welche ihre Reichen viel Unrecht tun? Und ihre Einwohner gehen mit Lügen um und haben falsche Zungen in ihrem Halse.

13 Darum will ich dich auch übel plagen und dich um deiner Sünden willen wüst machen.

14 Du sollst nicht genug zu essen haben und sollst verschmachten. Und was du beiseite schaffst, soll doch nicht davonkommen; und was davonkommt, will ich doch dem Schwert überantworten.

15 Du sollst säen, und nicht ernten; du sollst Öl keltern, und dich damit nicht salben, und Most keltern, und nicht Wein trinken.

16 Denn man hält die Weise Omris und alle Werke des Hauses Ahab und folgt ihrem Rat. Darum will ich dich zur Wüste machen und ihre Einwohner, daß man sie anpfeifen soll; und ihr sollt meines Volkes Schmach tragen.

7. Kapitel

Wenig Fromme zu finden. Verheißung einer reichen göttlichen Gnade nach wohl erduldeter Züchtigung.

1 Ach, es geht mir wie einem, der im Weinberge nachliest, da man keine Trauben findet zu essen, und wollte doch gerne die besten Früchte haben.

2 Die frommen Leute sind weg in diesem Lande, und die Gerechten sind nicht mehr unter den Leuten. Sie lauern alle auf Blut; ein jeglicher jagt den andern, daß er ihn verderbe,

3 und meinen, sie tun wohl daran, wenn sie Böses tun. Was der Fürst will, das spricht der Richter, daß er ihm wieder einen Dienst tun soll. Die Gewaltigen raten nach ihrem Mutwillen, Schaden zu tun, und drehen's wie sie wollen.

4 Der Beste unter ihnen ist wie ein Dorn und der Redlichste wie eine Hecke. Aber wenn der Tag deiner Prediger kommen wird, wenn du heimgesucht sollst werden, da werden sie dann nicht wissen, wo aus.

5 Niemand glaube seinem Nächsten, niemand verlasse sich auf einen Freund; bewahre die Tür deines Mundes vor der, die in deinen Armen schläft.

6 Denn der Sohn verachtet den Vater, die Tochter setzt sich wider die Mutter, die Schwiegertochter ist wider die Schwiegermutter;

und des Menschen Feinde sind sein eigenes Hausgesinde.

7 Ich aber will auf den HERRN schauen und des Gottes meines Heils warten; mein Gott wird mich hören.

8 Freue dich nicht, meine Feindin, daß ich darniederliege! Ich werde wieder aufkommen; und so ich im Finstern sitze, so ist doch der HERR mein Licht.

9 Ich will des Herrn Zorn tragen, denn ich habe wider ihn gesündigt, bis er meine Sache ausführe und mir Recht schaffe; er wird mich ans Licht bringen, daß ich meine Lust an seiner Gnade sehe.

10 Meine Feindin wird's sehen müssen und mit aller Schande bestehen, die jetzt zu mir sagt: Wo ist der Herr, dein Gott? Meine Augen werden's sehen, daß sie dann wie Kot auf der Gasse zertreten wird.

11 Zu der Zeit werden deine Mauern gebaut werden, und Gottes Wort wird weit auskommen.

12 Und zur selben Zeit werden sie von Assur und von den Städten Ägyptens zu dir kommen, von Ägypten bis an den Strom, von einem Meer zum andern, von einem Gebirge zum andern.

13 Denn das Land wird wüst sein seiner Einwohner halben, um der Frucht willen ihrer Werke.

14 Du aber weide dein Volk mit deinem Stabe, die Herde deines Erbteils, die da besonders

wohnt im Walde, mitten auf dem Karmel; laß sie zu Basan und Gilead weiden wie vor alters.

15 Ich will sie Wunder sehen lassen gleichwie zur Zeit, da sie aus Ägyptenland zogen,

16 daß es die Heiden sehen und alle ihre Gewaltigen sich schämen sollen und ihre Hand auf ihren Mund legen und ihre Ohren zuhalten.

17 Sie sollen Staub lecken wie die Schlangen und wie das Gewürm auf Erden zitternd hervorkommen aus ihren Burgen; sie werden sich fürchten vor dem HERRN, unserm Gott, und vor dir sich entsetzen.

18 Wo ist solch ein Gott, wie du bist, der die Sünde vergibt und erläßt die Missetat den übrigen seines Erbteils, der seinen Zorn nicht ewiglich behält! denn er ist barmherzig.

19 Er wird sich unser wieder erbarmen, unsere Missetaten dämpfen und alle unsre Sünden in die Tiefen des Meeres werfen.

20 Du wirst dem Jakob die Treue und Abraham die Gnade halten, wie du unsern Vätern vorlängst geschworen hast.

Der Prophet Mica

Der Prophet Nahum

Themen:
Beurteilung, Rache, Gerechtigkeit

Hintergrund:
Ankündigung des Gerichtes über Assyrien

Der Prophet Nahum

1. Kapitel

Gottes Majestät wider Assur

1 Dies ist die Last über Ninive und das Buch der Weissagung Nahums von Elkos.

2 Der Herr ist ein eifriger Gott und ein Rächer, ja, ein Rächer ist der Herr und zornig; der Herr ist ein Rächer wider seine Widersacher und der es seinen Feinden nicht vergessen wird.

3 Der Herr ist geduldig und von großer Kraft, vor welchem niemand unschuldig ist; er ist der Herr, des Weg in Wetter und Sturm ist und Gewölke der Staub unter seinen Füßen,

4 der das Meer schilt und trocken macht und alle Wasser vertrocknet. Basan und Karmel verschmachten; und was auf dem Berge Libanon blüht, verschmachtet.

5 Die Berge zittern vor ihm, und die Hügel zergehen; das Erdreich bebt vor ihm, der Weltkreis und alle, die darauf wohnen.

6 Wer kann vor seinem Zorn stehen, und wer kann vor seinem Grimm bleiben? Sein Zorn brennt wie Feuer, und die Felsen zerspringen vor ihm.

7 Der HERR ist gütig und eine Feste zur Zeit der Not und kennt die, die auf ihn trauen.

8 Er läßt die Flut überher laufen und macht derselben Stätte ein Ende, und seine Feinde verfolgt er mit Finsternis.

9 Was gedenkt ihr wider den HERRN? Er wird doch ein Ende machen; es wird das Unglück nicht zweimal kommen.

10 Denn wenn sie gleich sind wie die Dornen, die noch ineinanderwachsen und im besten Saft sind, so sollen sie doch verbrannt werden wie dürres Stroh.

11 Denn von dir ist gekommen der Schalksrat, der Böses wider den Herrn gedachte.

12 So spricht der HERR: Sie kommen so gerüstet und mächtig, wie sie wollen, so sollen sie doch umgehauen werden und dahinfahren. Ich habe dich gedemütigt; aber ich will dich nicht wiederum demütigen.

13 Alsdann will ich sein Joch, das du trägst, zerbrechen und deine Bande zerreißen.

14 Aber wider dich hat der Herr geboten, daß deines Namens kein Same mehr soll bleiben. Vom Hause deines Gottes will ich dich ausrotten, die Götzen und Bilder will ich dir zum Grab machen; denn du bist zunichte geworden.

15 Siehe, auf den Bergen kommen Füße eines guten Boten, der da Frieden verkündigt! Halte deine Feiertage, Juda, und bezahle deine Gelübde! denn es wird der Arge nicht mehr über dich kommen; er ist ganz ausgerottet.

2. Kapitel

Weissagung von der Zerstörung der Stadt Ninive.

1 Es wird der Zerstreuer wider dich heraufziehen und die Feste belagern. Siehe wohl auf die Straße, rüste dich aufs beste und stärke dich aufs gewaltigste!

2 Denn der HERR wird die Pracht Jakobs wiederbringen wie die Pracht Israels; denn die Ableser haben sie abgelesen und ihre Reben verderbt.

3 Die Schilde seiner Starken sind rot, sein Heervolk glänzt wie Purpur, seine Wagen leuchten wie Feuer, wenn er sich rüstet; ihre Spieße beben.

4 Die Wagen rollen auf den Gassen und rasseln auf den Straßen; sie glänzen wie Fackeln und fahren einher wie die Blitze.

5 Er aber wird an seine Gewaltigen gedenken; doch werden sie fallen, wo sie hinaus wollen, und werden eilen zur Mauer und zu dem Schirm, da sie sicher seien.

6 Aber die Tore an den Wassern werden doch geöffnet, und der Palast wird untergehen.

7 Die Königin wird gefangen weggeführt werden, und ihre Jungfrauen werden seufzen wie die Tauben und an ihre Brust schlagen.

8 Denn Ninive ist wie ein Teich voll Wasser von jeher; aber dasselbe wird verfließen müssen.

"Stehet, stehet!" werden sie rufen; aber da wird sich niemand umwenden.

9 So raubet nun Silber! raubet Gold! denn hier ist der Schätze kein Ende und die Menge aller köstlichen Kleinode.

10 Nun muß sie rein abgelesen und geplündert werden, daß ihr Herz muß verzagen, die Kniee schlottern, alle Lenden zittern und alle Angesichter bleich werden.

11 Wo ist nun die Wohnung der Löwen und die Weide der jungen Löwen, da der Löwe und die Löwin mit den jungen Löwen wandelten, und niemand durfte sie scheuchen?

12 Der Löwe raubte genug für seine Jungen und würgte es für seine Löwinnen; seine Höhlen füllte er mit Raub und seine Wohnung mit dem, was er zerrissen hatte.

13 Siehe, ich will an dich, spricht der Herr Zebaoth, und deine Wagen im Rauch anzünden, und das Schwert soll deine jungen Löwen fressen; und will deines Raubens ein Ende machen auf Erden, daß man deiner Boten Stimme nicht mehr hören soll.

3. Kapitel

Sünden der Stadt Ninive, die Ursache des über sie ergehenden Strafgerichts.

1 Weh der mörderischen Stadt, die voll Lügen und Räuberei ist und von ihrem Rauben nicht lassen will!

2 Denn da wird man hören die Geißeln klappen und die Räder rasseln und die Rosse jagen und die Wagen rollen.

3 Reiter rücken herauf mit glänzenden Schwertern und blitzenden Spießen. Da liegen viel Erschlagene und große Haufen Leichname, daß ihrer keine Zahl ist und man über die Leichname fallen muß.

4 Das alles um der Hurerei willen der schönen, lieben Hure, die mit Zauberei umgeht, die mit ihrer Hurerei die Heiden und mit ihrer Zauberei Land und Leute zu Knechten gemacht hat.

5 Siehe, ich will an dich, spricht der HERR Zebaoth; ich will dir deine Säume aufdecken unter dein Angesicht und will den Heiden deine Blöße und den Königreichen deine Schande zeigen.

6 Ich will dich ganz greulich machen und dich schänden und ein Schauspiel aus dir machen,

7 daß alle, die dich sehen, vor dir fliehen und sagen sollen: Ninive ist zerstört; wer will Mitleid mit ihr haben? Und wo soll ich dir Tröster suchen?

8 Meinst du, du seist besser denn die Stadt No-Amon, die da lag an den Wassern und ringsumher Wasser hatte, deren Mauern und Feste war das Meer?

9 Mohren und Ägypten war ihre unzählige Macht, Put und Libyen waren ihre Hilfe.

10 Doch hat sie müssen vertrieben werden und gefangen wegziehen; und sind ihre Kinder auf allen Gassen zerschmettert worden, und um ihre Edlen warf man das Los, und alle ihre Gewaltigen wurden in Ketten und Fesseln gelegt.

11 Also mußt du auch trunken werden und dich verbergen und eine Feste suchen vor dem Feinde.

12 Alle deine festen Städte sind wie Feigenbäume mit reifen Feigen, die, wenn man sie schüttelt, dem ins Maul fallen, der sie essen will.

13 Siehe, dein Volk soll zu Weibern werden in dir, und die Tore deines Landes sollen deinen Feinden geöffnet werden, und das Feuer soll deine Riegel verzehren.

14 Schöpfe dir Wasser, denn du wirst belagert werden! Bessere deine Festen! Gehe in den Ton und tritt den Lehm und mache starke Ziegel!

15 Aber das Feuer wir dich fressen und das Schwert töten; es wird dich abfressen wie ein Käfer, ob deines Volkes schon viel ist wie Käfer, ob deines Volkes schon viel ist wie Heuschrecken.

Der Prophet Nahum

16 Du hast mehr Händler, denn Sterne am Himmel sind; aber nun werden sie sich ausbreiten wie Käfer und davonfliegen.

17 Deiner Herden sind so viel wie Heuschrecken und deiner Hauptleute wie Käfer, die sich an die Zäune lagern in den kalten Tagen; wenn aber die Sonne aufgeht, heben sie sich davon, daß man nicht weiß, wo sie bleiben.

18 Deine Hirten werden schlafen, o König zu Assur, deine Mächtigen werden sich legen; und dein Volk wird auf den Bergen zerstreut sein, und niemand wird sie versammeln.

19 Niemand wird deinen Schaden lindern, und deine Wunde wird unheilbar sein. Alle, die solches von dir hören, werden mit ihren Händen über dich klatschen; denn über wen ist nicht deine Bosheit ohne Unterlaß gegangen?

Der Prophet Nahum

Der Prophet Habakuk

Themen:

Fragen an Gott, Gottes Souveränität, Hoffnung

Hintergrund:

Zu zeigen, dass Gott noch immer souverän ist, trotz des ersichtlichen Triumphs über das Böse

Der Prophet Habakuk

1. Kapitel

Juda's Sünde: Strafgericht durch die Chaldäer. Gebet und Klage des Propheten.

1 Dies ist die Last, welche der Prophet Habakuk gesehen hat.

2 HERR, wie lange soll ich schreien, und du willst mich nicht hören? Wie lange soll ich zu dir rufen über Frevel, und du willst nicht helfen?

3 Warum lässest du mich Mühsal sehen und siehest dem Jammer zu? Raub und Frevel sind vor mir. Es geht Gewalt über Recht.

4 Darum ist das Gesetz ohnmächtig, und keine rechte Sache kann gewinnen. Denn der Gottlose übervorteilt den Gerechten; darum ergehen verkehrte Urteile.

5 Schaut unter den Heiden, seht und verwundert euch! denn ich will etwas tun zu euren Zeiten, welches ihr nicht glauben werdet, wenn man davon sagen wird.

6 Denn siehe, ich will die Chaldäer erwecken, ein bitteres und schnelles Volk, welches ziehen wird, soweit die Erde ist, Wohnungen einzunehmen, die nicht sein sind,

7 und wird grausam und schrecklich sein; das da gebeut [heutige Form: gebietet] und zwingt, wie es will. [Schrecklich und furchtbar ist es; sein Recht und seine Hoheit macht es überall zum Gesetz. (2)]

8 Ihre Rosse sind schneller denn die Parder [Nebenform von: Leopard] und behender denn die Wölfe des Abends. Ihre Reiter ziehen in großen Haufen von ferne daher, als flögen sie, wie die Adler eilen zum Aas.

9 Sie kommen allesamt, daß sie Schaden tun; wo sie hin wollen, reißen sie hindurch wie ein Ostwind und werden Gefangene zusammenraffen wie Sand.

10 Sie werden der Könige spotten, und der Fürsten werden sie lachen. Alle Festungen werden ihnen ein Scherz sein; denn sie werden Erde aufschütten und sie gewinnen.

11 Alsdann werden sie einen neuen Mut nehmen, werden fortfahren und sich versündigen; also muß ihre Macht ihr Gott sein.

12 Aber du, HERR, mein Gott, mein Heiliger, der du von Ewigkeit her bist, laß uns nicht sterben; sondern laß sie uns, o HERR, nur eine Strafe sein und laß sie, o unser Hort, uns nur züchtigen!

13 Deine Augen sind rein, daß du Übles nicht sehen magst, und dem Jammer kannst du nicht zusehen. Warum siehst du denn den Räubern zu und schweigst, daß der Gottlose verschlingt den, der frömmer als er ist,

14 und lässest die Menschen gehen wie Fische im Meer, wie Gewürm, das keinen HERRN hat?

15 Sie ziehen alles mit dem Haken und fangen's mit ihrem Netz und sammeln's mit ihrem Garn; des freuen sie sich und sind fröhlich.

16 Darum opfern sie ihrem Netz und räuchern ihrem Garn, weil durch diese ihr Teil so fett und ihre Speise so völlig geworden ist.

17 Sollen sie derhalben ihr Netz immerdar auswerfen und nicht aufhören, Völker zu erwürgen?

2. Kapitel

Des Propheten Gebet voll freudiger Zuversicht.

1 Hier stehe ich auf meiner Hut und trete auf meine Feste und schaue und sehe zu, was mir gesagt werde, und was meine Antwort sein sollte auf mein Rechten.

2 Der HERR aber antwortet mir und spricht: Schreib das Gesicht und male es auf eine Tafel, daß es lesen könne, wer vorüberläuft!

3 Die Weissagung wird ja noch erfüllt werden zu seiner Zeit und endlich frei an den Tag kommen und nicht ausbleiben. Ob sie aber verzieht, so harre ihrer: sie wird gewiß kommen und nicht verziehen.

4 Siehe, wer halsstarrig ist, der wird keine Ruhe in seinem Herzen haben; der Gerechte aber wird seines Glaubens leben.

5 Aber der Wein betrügt den stolzen Mann, daß er nicht rasten kann, welcher seine Seele aufsperrt wie die Hölle und ist gerade wie der Tod, der nicht zu sättigen ist, sondern rafft zu sich alle Heiden und sammelt zu sich alle Völker.

6 Was gilt's aber? diese alle werden einen Spruch von ihm machen und eine Sage und Sprichwort und werden sagen: Weh dem, der sein Gut mehrt mit fremden Gut! Wie lange wird's währen, und ladet nur viel Schulden auf sich?

7 O wie plötzlich werden aufstehen die dich beißen, und erwachen, die dich wegstoßen! und du mußt ihnen zuteil werden.

8 Denn du hast viele Heiden beraubt; so werden dich wieder berauben alle übrigen von den Völkern um des Menschenbluts willen und um des Frevels willen, im Lande und in der Stadt und an allen, die darin wohnen, begangen. [Denn weil du viele Völker ausgeplündert hast, werden alle übrigen Völker dich wieder ausplündern wegen der Blutschuld an den Menschen und wegen deiner Gewalttaten an der Erde, an der Stadt und allen ihren Bewohnern! (3)]

9 Weh dem, der da geizt zum Unglück seines Hauses, auf daß er sein Nest in die Höhe lege, daß er dem Unfall entrinne!

10 Aber dein Ratschlag wird zur Schande deines Hauses geraten; denn du hast zu viele Völker zerschlagen und hast mit allem Mutwillen gesündigt.

11 Denn auch die Steine in der Mauer werden schreien, und die Sparren am Balkenwerk werden ihnen antworten.

Der Prophet Habakuk

12 Weh dem, der die Stadt mit Blut baut und richtet die Stadt mit Unrecht zu!

13 Wird's nicht also vom HERRN Zebaoth geschehen: was die Völker gearbeitet haben, muß mit Feuer verbrennen, und daran die Leute müde geworden sind, das muß verloren sein?

14 Denn die Erde wird voll werden von Erkenntnis der Ehre des HERRN, wie Wasser das Meer bedeckt.

15 Weh dir, der du deinem Nächsten einschenkst und mischest deinen Grimm darunter und ihn trunken machst, daß du seine Blöße sehest!

16 Du hast dich gesättigt mit Schande und nicht mit Ehre. So saufe du nun auch, daß du taumelst! denn zu dir wird umgehen der Kelch in der Rechten des HERRN, und mußt eitel Schande haben für deine Herrlichkeit.

17 Denn der Frevel, am Libanon begangen, wird dich überfallen, und die verstörten Tiere werden dich schrecken um des Menschenbluts willen und um des Frevels willen, im Lande und in der Stadt und an allen, die darin wohnen, begangen. [Denn die Gewalttat am Libanon wird dich bedecken und die Vernichtung der Tiere wird dich zerschmettern wegen der Blutschuld an den Menschen und wegen der Vergewaltigung des Landes, der Stadt und all ihrer Bewohner. (4)]

18 Was wird dann helfen das Bild, das sein Meister gebildet hat, und das falsche gegossene

Bild, darauf sich verläßt sein Meister, daß er stumme Götzen machte?

19 Weh dem, der zum Holz spricht: Wache auf! und zum stummen Steine: Stehe auf! Wie sollte es lehren? Siehe, es ist mit Gold und Silber überzogen und ist kein Odem in ihm.

20 Aber der HERR ist in seinem heiligen Tempel. Es sei vor ihm still alle Welt!

3. Kapitel

Des Propheten Gebet voll freudiger Zuversicht.

1 Dies ist das Gebet des Propheten Habakuk für die Unschuldigen:

2 HERR, ich habe dein Gerücht gehört, daß ich mich entsetze. HERR, mache dein Werk lebendig mitten in den Jahren und laß es kund werden mitten in den Jahren. Wenn Trübsal da ist, so denke der Barmherzigkeit.

3 Gott kam vom Mittag und der Heilige vom Gebirge Pharan. (Sela.) Seines Lobes war der Himmel voll, und seiner Ehre war die Erde voll.

4 Sein Glanz war wie ein Licht; Strahlen gingen von seinen Händen; darin war verborgen seine Macht.

5 Vor ihm her ging Pestilenz, und Plage ging aus, wo er hin trat.

6 Er stand und maß die Erde, er schaute und machte beben die Heiden, daß zerschmettert

wurden die Berge, die von alters her sind, und sich bücken mußten die ewigen Hügel, da er wie vor alters einherzog.

7 Ich sah der Mohren Hütten in Not und der Midianiter Gezelte betrübt.

8 Warst du nicht zornig, HERR, in der Flut und dein Grimm in den Wassern und dein Zorn im Meer, da du auf deinen Rossen rittest und deine Wagen den Sieg behielten?

9 Du zogst den Bogen hervor, wie du geschworen hattest den Stämmen (sela!), und verteiltest die Ströme ins Land.

10 Die Berge sahen dich, und ihnen ward bange; der Wasserstrom fuhr dahin, die Tiefe ließ sich hören, die Höhe hob die Hände auf.

11 Sonne und Mond standen still. Deine Pfeile fuhren mit Glänzen dahin und dein Speere mit Leuchten des Blitzes.

12 Du zertratest das Land im Zorn und zerdroschest die Heiden im Grimm.

13 Du zogst aus, deinem Volk zu helfen, zu helfen deinem Gesalbten; du zerschmettertest das Haupt im Hause des Gottlosen und entblößtest die Grundfeste bis an den Hals. (Sela.)

14 Du durchbohrtest mit seinen Speeren das Haupt seiner Scharen, die wie ein Wetter kamen, mich zu zerstreuen, und freuten sich, als fräßen sie die Elenden im Verborgenen.

15 Deine Rosse gingen im Meer, im Schlamm großer Wasser.

16 Weil ich solches hörte, bebt mein Leib, meine Lippen zittern von dem Geschrei; Eiter geht in meine Gebeine, und meine Knie beben, dieweil ich ruhig harren muß bis auf die Zeit der Trübsal, da wir hinaufziehen zum Volk, das uns bestreitet.

17 Denn der Feigenbaum wird nicht grünen, und wird kein Gewächs sein an den Weinstöcken; die Arbeit am Ölbaum ist vergeblich, und die Äcker bringen keine Nahrung; und Schafe werden aus den Hürden gerissen, und werden keine Rinder in den Ställen sein.

18 Aber ich will mich freuen des HERRN und fröhlich sein in Gott, meinem Heil.

19 Denn der HERR ist meine Kraft und wird meine Füße machen wie Hirschfüße und wird mich auf meine Höhen führen. Vorzusingen auf meinem Saitenspiel.

Der Prophet Habakuk

Der Prophet Zephanja

Themen:
Der Tag des Herrn, religiöse Selbstzufriedenheit, Wiederherstellung

Hintergrund:
Die Menschen aus Juda aus ihrer Selbstzufriedenheit aufrütteln und sie dazu anzuhalten, zu Gott zurück zu kehren

Der Prophet Zephanja

1. Kapitel

Tag des Zorns

1 Dies ist das Wort des HERRN, welches geschah zu Zephanja, dem Sohn Chusis, des Sohnes Gedaljas, des Sohnes Amarjas, des Sohnes Hiskias, zur Zeit Josias, des Sohnes Amons, des Königs in Juda.
2 Ich will alles aus dem Lande wegnehmen, spricht der HERR.
3 Ich will Menschen und Vieh, Vögel des Himmels und Fische im Meer wegnehmen samt den Ärgernissen und den Gottlosen; ja, ich will die Menschen ausreuten [frühhochdeutsch, heute: ausrotten, ausreißen] aus dem Lande, spricht der HERR.
4 Ich will meine Hand ausstrecken über Juda und über alle, die zu Jerusalem wohnen; also will ich das übrige von Baal ausreuten, dazu den Namen der Götzenpfaffen und Priester aus diesem Ort;
5 und die, so auf den Dächern des Himmels Heer anbeten; die es anbeten und schwören doch bei dem HERRN und zugleich bei Milkom;
6 und die vom Herrn abfallen, und die nach dem Herrn nichts fragen und ihn nicht achten.
7 Seid still vor dem Herrn HERRN, denn des HERRN Tag ist nahe; denn der HERR hat ein

Schlachtopfer zubereitet und seine Gäste dazu geladen.

8 Und am Tage des Schlachtopfers des HERRN will ich heimsuchen die Fürsten und des Königs Kinder und alle, die ein fremdes Kleid tragen.

9 Auch will ich zur selben Zeit die heimsuchen, so über die Schwelle springen, die ihres HERRN Haus füllen mit Rauben und Trügen.

10 Zur selben Zeit, spricht der HERR, wird sich ein lautes Geschrei erheben von dem Fischtor her und ein Geheul von dem andern Teil der Stadt und ein großer Jammer von den Hügeln.

11 Heulet, die ihr in der Mühle wohnt; denn das ganze Krämervolk ist dahin, und alle, die Geld sammeln, sind ausgerottet.

12 Zur selben Zeit will ich Jerusalem mit Leuchten durchsuchen und will heimsuchen die Leute, die auf ihren Hefen liegen und sprechen in ihrem Herzen: Der HERR wird weder Gutes noch Böses tun.

13 Und ihre Güter sollen zum Raub werden und ihre Häuser zur Wüste. Sie werden Häuser bauen, und nicht darin wohnen; sie werden Weinberge pflanzen, und keinen Wein davon trinken.

14 Des HERRN großer Tag ist nahe; er ist nahe und eilt sehr. Wenn das Geschrei vom Tage des HERRN kommen wird, so werden die Starken alsdann bitterlich schreien.

15 Denn dieser Tag ist ein Tag des Grimmes, ein Tag der Trübsal und Angst, ein Tag des

Wetters und Ungestüms, ein Tag der Finsternis und Dunkels, ein Tag der Wolken und Nebel,

16 ein Tag der Posaune und Drommete wider die festen Städte und hohen Schlösser.

17 Ich will den Leuten bange machen, daß sie umhergehen sollen wie die Blinden, darum daß sie wider den HERRN gesündigt haben. Ihr Blut soll ausgeschüttet werden, als wäre es Staub, und ihr Leib als wäre es Kot.

18 Es wird sie ihr Silber und Gold nicht erretten können am Tage des Zorns des HERRN, sondern das ganze Land soll durch das Feuer seines Eifers verzehrt werden; denn er wird plötzlich ein Ende machen mit allen, die im Lande wohnen.

2. Kapitel

Vermahnung zur Buße.
Strafgericht über die Völker.

1 Sammelt euch und kommt her, ihr feindseliges Volk,

2 ehe denn das Urteil ausgehe, daß ihr wie die Spreu bei Tage dahin fahrt; ehe denn des Herrn grimmiger Zorn über euch komme; ehe der Tag des Zornes des Herrn über euch komme.

3 Suchet den Herrn, alle ihr Elenden im Lande, die ihr seine Rechte haltet; suchet Gerechtigkeit,

suchet Demut, auf daß ihr am Tage des Zornes des Herrn möget verborgen werden.

4 Denn Gaza muß verlassen und Askalon wüst werden; Asdod soll am Mittag vertrieben und Ekron ausgewurzelt werden.

5 Weh denen, so am Meer hinab wohnen, dem Volk der Krether! Des Herrn Wort wird über euch kommen, du Kanaan, der Philister Land; ich will dich umbringen, daß niemand mehr da wohnen soll.

6 Es sollen am Meer hinab eitel Hirtenhäuser und Schafhürden sein.

7 Und dasselbe soll den übrigen vom Hause Juda zuteil werden, daß sie darauf weiden sollen. Des Abends sollen sie sich in den Häusern Askalons lagern, wenn sie nun der HERR, ihr Gott, wiederum heimgesucht und ihr Gefängnis gewendet hat.

8 Ich habe das Schmähen Moabs und das Lästern der Kinder Ammon gehört, womit sie mein Volk geschmäht und auf seinen Grenzen sich gerühmt haben.

9 Wohlan, so wahr ich lebe! spricht der HERR Zebaoth, der Gott Israels, Moab soll wie Sodom und die Kinder Ammon wie Gomorra werden, ja wie ein Nesselstrauch und eine Salzgrube und eine ewige Wüste. Die übrigen meines Volkes sollen sie berauben, und die Übriggebliebenen meines Volkes sollen sie erben.

10 Das soll ihnen aber begegnen für ihre Hoffart, daß sie des Herrn Zebaoth Volk geschmäht und sich gerühmt haben.

11 Schrecklich wird der Herr über sie sein, denn er wird alle Götter auf Erden vertilgen; und sollen ihn anbeten alle Inseln der Heiden, ein jeglicher an seinem Ort.

12 Auch sollt ihr Mohren durch mein Schwert erschlagen werden.

13 Und er wird seine Hand strecken gen Mitternacht und Assur umbringen. Ninive wird er öde machen, dürr wie eine Wüste,

14 daß darin sich lagern werden allerlei Tiere bei Haufen; auch Rohrdommeln und Igel werden wohnen in ihren Säulenknäufen, und Vögel werden in den Fenstern singen, und auf der Schwelle wird Verwüstung sein; denn die Zedernbretter sollen abgerissen werden.

15 Das ist die fröhliche Stadt, die so sicher wohnte und sprach in ihrem Herzen: Ich bin's, und keine mehr. Wie ist sie so wüst geworden, daß die Tiere darin wohnen! Und wer vorübergeht, pfeift sie an und klatscht mit der Hand über sie.

Der Prophet Zephanja

3. Kapitel

*Drohungen wider Jerusalem.
Trostvolle Verheißung der messianischen Zeit.*

1 Weh der greulichen, unflätigen, tyrannischen Stadt!

2 Sie will nicht gehorchen noch sich züchtigen lassen; sie will auf den HERRN nicht trauen noch sich zu ihrem Gott halten.

3 Ihre Fürsten sind unter ihnen brüllende Löwen und ihre Richter Wölfe am Abend, die nichts bis auf den Morgen übriglassen.

4 Ihre Propheten sind leichtfertig und Verächter; ihre Priester entweihen das Heiligtum und deuten das Gesetz freventlich.

5 Der HERR, der unter ihnen ist, ist gerecht und tut kein Arges. Er läßt alle Morgen seine Rechte öffentlich lehren und läßt nicht ab; aber die bösen Leute wollen sich nicht schämen lernen.

6 Ich habe Völker ausgerottet, ihre Schlösser verwüstet und ihre Gassen so leer gemacht, daß niemand darauf geht; ihre Städte sind zerstört, daß niemand mehr da wohnt.

7 Ich ließ dir sagen: Mich sollst du fürchten und dich lassen züchtigen! so würde ihre Wohnung nicht ausgerottet und der keines kommen, womit ich sie heimsuchen werde. Aber sie sind fleißig, allerlei Bosheit zu üben.

8 Darum, spricht der HERR, müsset ihr mein auch harren, bis ich mich aufmache zu seiner

Zeit, da ich auch rechten werde und die Heiden versammeln und die Königreiche zuhauf bringen, meinen Zorn über sie zu schütten, ja, allen Zorn meines Grimmes; denn alle Welt soll durch meines Eifers Feuer verzehrt werden.

9 Alsdann will ich den Völkern reine Lippen geben, daß sie alle sollen des HERRN Namen anrufen und ihm einträchtig dienen.

10 Man wird mir meine Anbeter, mein zerstreutes Volk, von jenseit des Wassers im Mohrenlande herbeibringen zum Geschenk.

11 Zur selben Zeit wirst du dich nicht mehr schämen alles deines Tuns, womit du wider mich übertreten hast; denn ich will die stolzen Heiligen von dir tun, daß du nicht mehr sollst dich überheben auf meinem heiligen Berge.

12 Ich will in dir lassen übrigbleiben ein armes, geringes Volk; die werden auf des HERRN Namen trauen.

13 Die übrigen in Israel werden kein Böses tun noch Falsches reden, und man wird in ihrem Munde keine betrügliche Zunge finden; sondern sie sollen weiden und ruhen ohne alle Furcht.

14 Jauchze, du Tochter Zion! Rufe, Israel! Freue dich und sei fröhlich von ganzem Herzen, du Tochter Jerusalem!

15 denn der HERR hat deine Strafe weggenommen und deine Feinde abgewendet. Der HERR, der König Israels, ist bei dir, daß du dich vor keinem Unglück mehr fürchten darfst.

16 Zur selben Zeit wird man sprechen zu Jerusalem: Fürchte dich nicht! und zu Zion: Laß deine Hände nicht laß werden! [An jenem Tage wird man Jerusalem zurufen: »Fürchte dich nicht, Zion! Laß deine Hände nicht verzagt sinken! (5)]

17 denn der HERR, dein Gott, ist bei dir, ein starker Heiland; er wird sich über dich freuen und dir freundlich sein und vergeben und wird über dir mit Schall fröhlich sein.

18 Die Geängsteten, so auf kein Fest kommen, will ich zusammenbringen; denn sie gehören dir zu und müssen Schmach tragen.

19 Siehe, ich will's mit allen denen aus machen zur selben Zeit, die dich bedrängen, und will den Hinkenden helfen und die Verstoßenen sammeln und will sie zu Lob und Ehren machen in allen Landen, darin man sie verachtet.

20 Zu der Zeit will ich euch hereinbringen und euch zu der Zeit versammeln. Denn ich will euch zu Lob und Ehren machen unter allen Völkern auf Erden, wenn ich euer Gefängnis wenden werde vor euren Augen, spricht der HERR.

Der Prophet Zephanja

Der Prophet Haggai

Themen:
Die richtigen Prioritäten, Fertigstellung des Tempels

Hintergrund:
Die Menschen dazu aufrufen, die Wiedererbauung des Tempels zu vollenden

Der Prophet Haggai

1. Kapitel

Strafpredigt bei der Nachlässigkeit im Tempelbau.

1 Im zweiten Jahr des Königs Darius, im sechsten Monat, am ersten Tage des Monats, geschah des Herrn Wort durch den Propheten Haggai zu Serubabel, dem Sohn Sealthiels, dem Fürsten Juda's, und zu Josua, dem Sohn Jozadaks, dem Hohenpriester, und sprach:

2 So spricht der Herr Zebaoth: Dies Volk spricht: Die Zeit ist noch nicht da, daß man des Herrn Haus baue.

3 Und des HERRN Wort geschah durch den Propheten Haggai:

4 Aber eure Zeit ist da, daß ihr in getäfelten Häusern wohnt, und dies Haus muß wüst stehen?

5 Nun, so spricht der Herr Zebaoth: Schauet, wie es euch geht!

6 Ihr säet viel, und bringet wenig ein; ihr esset, und werdet doch nicht satt; ihr trinket, und werdet doch nicht trunken; ihr kleidet euch, und könnt euch doch nicht erwärmen; und wer Geld verdient, der legt's in einen löchrigen Beutel.

7 So spricht der HERR Zebaoth: Schauet, wie es euch geht!

8 Gehet hin auf das Gebirge und holet Holz und bauet das Haus; das soll mir angenehm sein, und ich will meine Ehre erzeigen, spricht der HERR.

9 Denn ihr wartet wohl auf viel, und siehe, es wird wenig; und ob ihr's schon heimbringt, so zerstäube ich's doch. Warum das? spricht der Herr Zebaoth. Darum daß mein Haus so wüst steht und ein jeglicher eilt auf sein Haus.

10 Darum hat der Himmel über euch den Tau verhalten und das Erdreich sein Gewächs.

11 Und ich habe die Dürre gerufen über Land und Berge, über Korn, Most, Öl und über alles, was aus der Erde kommt, auch über Leute und Vieh und über alle Arbeit der Hände.

12 Da gehorchte Serubabel, der Sohn Sealthiels, und Josua, der Sohn Jozadaks, der Hohepriester, und alle übrigen des Volkes solcher Stimme des HERRN, ihres Gottes, und den Worten des Propheten Haggai, wie ihn der HERR, ihr Gott, gesandt hatte; und das Volk fürchtete sich vor dem HERRN.

13 Da sprach Haggai, der Engel des Herrn, der die Botschaft des Herrn hatte an das Volk: Ich bin mit euch, spricht der HERR.

14 Und der HERR erweckte den Geist Serubabels, des Sohnes Sealthiels, des Fürsten Juda's, und den Geist Josuas, des Sohnes Jozadaks, des Hohenpriesters, und den Geist des ganzen übrigen Volkes, daß sie kamen und arbeiteten am Hause des Herrn Zebaoth, ihres Gottes,

15 am vierundzwanzigsten Tage des sechsten Monats, im zweiten Jahr des Königs Darius.

2. Kapitel

Weissagung von der künftigen Herrlichkeit des Tempels und der messianischen Zeit.

1 Am einundzwanzigsten Tage des siebenten Monats geschah des Herrn Wort durch den Propheten Haggai und sprach:

2 Sage zu Serubabel, dem Sohn Sealthiels, dem Fürsten Juda's, und zu Josua, dem Sohn Jozadaks, dem Hohenpriester, und zum übrigen Volk und sprich:

3 Wer ist unter euch übriggeblieben, der dies Haus in seiner vorigen Herrlichkeit gesehen hat? und wie seht ihr's nun an? Ist's nicht also, es dünkt euch nichts zu sein?

4 Und nun Serubabel, sei getrost! spricht der HERR; sei getrost, Josua, du Sohn Jozadaks, du Hoherpriester! sei getrost alles Volk im Lande! spricht der HERR, und arbeitet! denn ich bin mit euch, spricht der Herr Zebaoth.

5 Nach dem Wort, da ich mit euch einen Bund machte, da ihr aus Ägypten zogt, soll mein Geist unter euch bleiben. Fürchtet euch nicht!

6 Denn so spricht der Herr Zebaoth: Es ist noch ein kleines dahin, daß ich Himmel und Erde, das Meer und das Trockene bewegen werde.

7 Ja, alle Heiden will ich bewegen. Da soll dann kommen aller Heiden Bestes; und ich will dies Haus voll Herrlichkeit machen, spricht der Herr Zebaoth.

8 Denn mein ist Silber und Gold, spricht der Herr Zebaoth.

9 Es soll die Herrlichkeit dieses letzten Hauses größer werden, denn des ersten gewesen ist, spricht der Herr Zebaoth; und ich will Frieden geben an diesem Ort, spricht der Herr Zebaoth.

10 Am vierundzwanzigsten Tage des neunten Monats, im zweiten Jahr des Darius, geschah des HERRN Wort zu dem Propheten Haggai und sprach:

11 So spricht der Herr Zebaoth: Frage die Priester um das Gesetz und sprich:

12 Wenn jemand heiliges Fleisch trüge in seines Kleides Zipfel und rührte darnach an mit seinem Zipfel Brot, Gemüse, Wein, Öl oder was es für Speise wäre: würde es auch heilig? und die Priester antworteten und sprachen: Nein.

13 Haggai sprach: Wo aber jemand von einem Toten unrein wäre und deren eines anrührte, würde es auch unrein? Die Priester antworteten und sprachen: Es würde unrein.

14 Da antwortete Haggai und sprach: Ebenalso sind dies Volk und diese Leute vor mir auch, spricht der HERR; und all ihrer Hände Werk und was sie opfern ist unrein.

15 Und nun schauet, wie es euch gegangen ist von diesem Tage an und zuvor, ehe denn ein Stein auf den andern gelegt ward am Tempel des HERRN:

16 daß, wenn einer zum Kornhaufen kam, der zwanzig Maß haben sollte, so waren kaum zehn

da; kam er zur Kelter und meinte fünfzig Eimer zu schöpfen, so waren kaum zwanzig da.

17 Denn ich plagte euch mit Dürre, Brandkorn und Hagel in all eurer Arbeit; dennoch kehrtet ihr euch nicht zu mir, spricht der HERR.

18 So schauet nun darauf von diesem Tage an und zuvor, nämlich von dem vierundzwanzigsten Tage des neunten Monats bis an den Tag, da der Tempel gegründet ist; schauet darauf!

19 Denn kein Same liegt mehr in der Scheuer, so hat auch weder Weinstock, Feigenbaum, Granatbaum noch Ölbaum getragen; aber von diesem Tage an will ich Segen geben.

20 Und des HERRN Wort geschah zum andernmal zu Haggai am vierundzwanzigsten Tage des Monats und sprach:

21 Sage Serubabel, dem Fürsten Juda's, und sprich: Ich will Himmel und Erde bewegen

22 und will die Stühle der Königreiche umkehren und die mächtigen Königreiche der Heiden vertilgen und will die Wagen mit ihren Reitern umkehren, daß Roß und Mann fallen sollen, ein jeglicher durch des andern Schwert.

23 Zur selben Zeit, spricht der Herr Zebaoth, will ich dich, Serubabel, du Sohn Sealthiels, meinen Knecht, nehmen, spricht der HERR, und will dich wie einen Siegelring halten; denn ich habe dich erwählt, spricht der Herr Zebaoth.

Der Prophet Haggai

Der Prophet Haggai

Der Prophet Sacharja

Themen:
Wiedererbauung des Tempels, Wiederherstellung, der kommende Messias

Hintergrund:
Gottes Kinder Hoffnung zu geben durch die Enthüllung von Gottes zukünftiger Überbringung des Messias

Der Prophet Sacharja

1. Kapitel

*Ermahnung zur Buße.
Erscheinung des Engels der Herrn.*

1 Im achten Monat des zweiten Jahres des Königs Darius geschah das Wort des HERR zu Sacharja, dem Sohn Berechjas, des Sohnes Iddos, dem Propheten, und sprach:

2 Der HERR ist zornig gewesen über eure Väter.

3 Und sprich zu ihnen: So spricht der Herr Zebaoth: Kehret euch zu mir, spricht der Herr Zebaoth, so will ich mich zu euch kehren, spricht der Herr Zebaoth.

4 Seid nicht wie eure Väter, welchen die vorigen Propheten predigten und sprachen: So spricht der Herr Zebaoth: Kehret euch von euren bösen Wegen und von eurem bösen Tun! aber sie gehorchten nicht und achteten nicht auf mich, spricht der HERR.

5 Wo sind nun eure Väter? Und die Propheten, leben sie auch noch?

6 Ist's aber nicht also, daß meine Worte und meine Rechte, die ich durch meine Knechte, die Propheten, gebot, haben eure Väter getroffen, daß sie haben müssen umkehren und sagen: Gleichwie der Herr Zebaoth vorhatte uns zu tun, wie wir gingen und taten, also hat er uns auch getan?

7 Am vierundzwanzigsten Tage des elften Monats, welcher ist der Monat Sebat, im zweiten Jahr des Königs Darius, geschah das Wort des HERRN zu Sacharja, dem Sohn Berechjas, des Sohnes Iddos dem Propheten, und sprach:

8 Ich sah bei der Nacht, und siehe, ein Mann saß auf einem roten Pferde, und er hielt unter den Myrten in der Aue, und hinter ihm waren rote, braune und weiße Pferde.

9 Und ich sprach: Mein HERR, wer sind diese? Und der Engel, der mit mir redete, sprach zu mir: Ich will dir zeigen, wer diese sind.

10 Und der Mann, der unter den Myrten hielt, antwortete und sprach: Diese sind es, die der HERR ausgesandt hat, die Erde zu durchziehen.

11 Sie aber antworteten dem Engel des Herrn, der unter den Myrten hielt, und sprachen: Wir haben die Erde durchzogen, und siehe, alle Länder sitzen still.

12 Da antwortete der Engel des Herrn und sprach: Herr Zebaoth, wie lange willst du denn dich nicht erbarmen über Jerusalem und über die Städte Juda's, über welche du zornig bist gewesen diese siebzig Jahre?

13 Und der Herr antwortete dem Engel, der mit mir redete, freundliche Worte und tröstliche Worte.

14 Und der Engel, der mit mir redete, sprach zu mir: Predige und sprich: So spricht der Herr Zebaoth: Ich eifere um Jerusalem und Zion mit großem Eifer

15 und bin sehr zornig über die stolzen Heiden; denn ich war nur ein wenig zornig, sie aber halfen zum Verderben.

16 Darum so spricht der HERR: Ich will mich wieder zu Jerusalem kehren mit Barmherzigkeit, und mein Haus soll darin gebaut werden, spricht der Herr Zebaoth; dazu soll die Zimmerschnur in Jerusalem gezogen werde.

17 Und predige weiter und sprich: So spricht der Herr Zebaoth: Es soll meinen Städten wieder wohl gehen, und der Herr wird Zion wieder trösten und wird Jerusalem wieder erwählen.

18 Und ich hob meine Augen auf und sah, und siehe, da waren vier Hörner.

19 Und ich sprach zu dem Engel, der mit mir redete: Wer sind diese? Er sprach zu mir: Es sind Hörner, die Juda samt Israel und Jerusalem zerstreut haben.

20 Und der Herr zeigte mir vier Schmiede.

21 Da sprach ich: Was sollen die machen? Er sprach: Die Hörner, die Juda so zerstreut haben, daß niemand sein Haupt hat mögen aufheben, sie abzuschrecken sind diese gekommen, daß sie die Hörner der Heiden abstoßen, welche das Horn haben über das Land Juda gehoben, es zu zerstreuen.

[und als ich fragte: »Was wollen diese hier tun?«, gab er mir zur Antwort: »Jenes sind die Hörner, welche Juda dermaßen zerstreut haben, daß es sein Haupt nicht mehr erheben konnte; nun aber sind diese gekommen, um sie in

Schrecken zu setzen und die Hörner der Völker abzuschlagen, die ihr Horn gegen das Land Juda erhoben haben, um es zu zerstreuen.« (6)]

2. Kapitel

Gesicht von den vier Hörnern und den vier Schmieden. Der Mann mit der Meßschnur. Fröhliche Zeit der Wiederkunft aus Babel. Berufung der Heiden.

1 Und ich hob meine Augen auf und sah, und siehe, ein Mann hatte eine Meßschnur in der Hand.
2 Und ich sprach: Wo gehst du hin? Er aber sprach zu mir: Daß ich Jerusalem messe und sehe, wie lang und weit es sein soll.
3 Und siehe, der Engel, der mit mir redete, ging heraus; und ein anderer Engel ging heraus ihm entgegen
4 und sprach zu ihm: Lauf hin und sage diesem Jüngling und sprich: Jerusalem wird bewohnt werden ohne Mauern vor großer Menge der Menschen und Viehs, die darin sein werden.
5 Und ich will, spricht der HERR, eine feurige Mauer umher sein und will mich herrlich darin erzeigen.
6 Hui, hui! Fliehet aus dem Mitternachtlande! spricht der HERR; denn ich habe euch in die vier Winde unter dem Himmel zerstreut, spricht der HERR.

7 Hui, Zion, die du wohnst bei der Tochter Babel, entrinne!

8 Denn so spricht der HERR Zebaoth: Er hat mich gesandt nach Ehre zu den Heiden, die euch beraubt haben; denn wer euch antastet, der tastet seinen Augapfel an.

9 Denn siehe, ich will meine Hand über sie schwingen, daß sie sollen ein Raub werden denen, die ihnen gedient haben; und ihr sollt erfahren, daß mich der Herr Zebaoth gesandt hat.

10 Freue dich und sei fröhlich, du Tochter Zion! denn siehe, ich komme und will bei dir wohnen, spricht der HERR.

11 Und sollen zu der Zeit viel Heiden zum Herrn getan werden und sollen mein Volk sein; und ich will bei dir wohnen, und sollst erfahren, daß mich der Herr Zebaoth zu dir gesandt hat.

12 Und der Herr wird Juda erben als sein Teil in dem heiligen Lande und wird Jerusalem wieder erwählen.

13 Alles Fleisch sei still vor dem HERRN; denn er hat sich aufgemacht aus seiner heiligen Stätte.

3. Kapitel

Der Hohepriester Josua vor dem Engel des Herrn. Verheißung von dem Zemach.

1 Und mir ward gezeigt der Hohepriester Josua, stehend vor dem Engel des HERRN; und der Satan stand zu seiner Rechten, daß er ihm widerstünde.

2 Und der HERR sprach zu dem Satan: Der HERR schelte dich du Satan! ja, der HERR schelte dich, der Jerusalem erwählt hat! Ist dieser nicht ein Brand, der aus dem Feuer errettet ist?

3 Und Josua hatte unreine Kleider an und stand vor dem Engel,

4 welcher antwortete und sprach zu denen, die vor ihm standen: Tut die unreinen Kleider von ihm! Und er sprach zu ihm: Siehe, ich habe deine Sünde von dir genommen und habe dich mit Feierkleidern angezogen.

5 Und er sprach: Setzt einen reinen Hut auf sein Haupt! Und sie setzten einen reinen Hut auf sein Haupt und zogen ihm Kleider an, und der Engel des HERRN stand da.

6 Und der Engel des HERRN bezeugte Josua und sprach:

7 So spricht der Herr Zebaoth: Wirst du in meinen Wegen wandeln und meines Dienstes warten, so sollst du regieren mein Haus und meine Höfe bewahren; und ich will dir geben

von diesen, die hier stehen, daß sie dich geleiten sollen.

8 Höre zu, Josua, du Hoherpriester, du und deine Freunde, die vor dir sitzen; denn sie sind miteinander ein Wahrzeichen. Denn siehe, ich will meinen Knecht Zemach kommen lassen.

9 Denn siehe, auf dem einen Stein, den ich vor Josua gelegt habe, sollen sieben Augen sein. Siehe, ich will ihn aushauen, spricht der HERR Zebaoth, und will die Sünde des Landes wegnehmen auf einen Tag.

10 Zu derselben Zeit, spricht der Herr Zebaoth, wird einer den andern laden unter den Weinstock und unter den Feigenbaum.

4. Kapitel

Der goldene Leuchter und die zwei Ölbäume.

1 Und der Engel, der mit mir redete, kam wieder und weckte mich auf, wie einer vom Schlaf erweckt wird,

2 und sprach zu mir: Was siehst du? Ich aber sprach: Ich sehe; und siehe, da stand ein Leuchter, ganz golden, mit einer Schale obendarauf, daran sieben Lampen waren, und je sieben Röhren an einer Lampe;

3 und zwei Ölbäume dabei, einer zur Rechten der Schale, der andere zur Linken.

4 Und ich antwortete und sprach zu dem Engel, der mit mir redete: Mein Herr, was ist das?

5 Und der Engel, der mit mir redete, antwortete und sprach zu mir: Weißt du nicht, was das ist? Ich aber sprach: Nein, mein Herr.

6 Und er antwortete und sprach zu mir: Das ist das Wort des Herrn von Serubabel: Es soll nicht durch Heer oder Kraft, sondern durch meinen Geist geschehen, spricht der Herr Zebaoth.

7 Wer bist du, du großer Berg, der doch vor Serubabel eine Ebene sein muß? Und er soll aufführen den ersten Stein, daß man rufen wird: Glück zu! Glück zu!

8 Und es geschah zu mir das Wort des HERRN und sprach:

9 Die Hände Serubabels haben dies Haus gegründet; seine Hände sollen's auch vollenden, daß ihr erfahret, daß mich der HERR zu euch gesandt hat.

10 Denn wer ist, der diese geringen Tage verachte? Es werden mit Freuden sehen das Richtblei in Serubabels Hand jene sieben, welche sind des HERRN Augen, die alle Lande durchziehen.

11 Und ich antwortete und sprach zu ihm: Was sind die zwei Ölbäume zur Rechten und zur Linken des Leuchters?

12 Und ich antwortete zum andernmal und sprach zu ihm: Was sind die zwei Zweige der Ölbäume, welche stehen bei den zwei goldenen Rinnen, daraus das goldene Öl herabfließt?

Der Prophet Sacharja

13 Und er sprach zu mir: Weißt du nicht, was diese sind? ich aber sprach: Nein, mein Herr.

14 Und er sprach: Es sind die zwei Gesalbten, welche stehen bei dem Herrscher aller Lande.

5. Kapitel

Der fliegende Brief und das Weib im Epha.

1 Und ich hob meine Augen abermals auf und sah, und siehe, da war ein fliegender Brief.

2 Und er sprach zu mir: Was siehst du? Ich aber sprach: Ich sehe einen fliegenden Brief, der ist zwanzig Ellen lang und zehn Ellen breit.

3 Und er sprach zu mir: das ist der Fluch, welcher ausgeht über das ganze Land; denn alle Diebe werden nach diesem Briefe ausgefegt, und alle Meineidigen werden nach diesem Briefe ausgefegt.

4 Ich will ihn ausgehen lassen, spricht der Herr Zebaoth, daß er soll kommen über das Haus des Diebes und über das Haus derer, die bei meinem Namen fälschlich schwören; er soll bleiben in ihrem Hause und soll's verzehren samt seinem Holz und Steinen.

5 Und der Engel, der mit mir redete, ging heraus und sprach zu mir: Hebe deine Augen auf und siehe! Was geht da heraus?

6 Und ich sprach: Was ist's? Er aber sprach: Ein Epha [Maßeinheit] geht heraus, und sprach: Das

ist ihre Gestalt im ganzen Lande.

7 Und siehe, es hob sich ein Zentner Blei; und da war ein Weib, das saß im Epha.

8 Er aber sprach: Das ist die Gottlosigkeit. Und er warf sie in das Epha und warf den Klumpen Blei oben aufs Loch.

9 Und ich hob meine Augen auf und sah, und siehe, zwei Weiber gingen heraus und hatten Flügel, die der Wind trieb, es waren aber Flügel wie Storchflügel; und sie führten das Epha zwischen Erde und Himmel.

10 Und ich sprach zu dem Engel, der mit mir redete: Wo führen die das Epha hin?

11 Er aber sprach zu mir: Daß ihm ein Haus gebaut werde im Lande Sinear und bereitet und es daselbst gesetzt werde auf seinen Boden.

6. Kapitel

Die vier Wagen. Wiederholte Verheißung von dem Zemach, der König und der Priester zugleich sein soll.

1 Und ich hob meine Augen abermals auf und sah, und siehe, da waren vier Wagen, die gingen zwischen zwei Bergen hervor; die Berge aber waren ehern.

2 Am ersten Wagen waren rote Rosse, am andern Wagen waren schwarze Rosse,

3 am dritten Wagen waren weiße Rosse, am vierten Wagen waren scheckige, starke Rosse.

4 Und ich antwortete und sprach zu dem Engel, der mit mir redete: Mein Herr, wer sind diese?

5 Der Engel antwortete und sprach zu mir: Es sind die vier Winde unter dem Himmel, die hervorkommen, nachdem sie gestanden haben vor dem Herrscher aller Lande.

6 An dem die schwarzen Rosse waren, die gingen gegen Mitternacht, und die weißen gingen ihnen nach; aber die scheckigen gingen gegen Mittag.

7 Die starken gingen und zogen um, daß sie alle Lande durchzögen. Und er sprach: Gehet hin und durchziehet die Erde! Und sie durchzogen die Erde.

8 Und er rief mich und redete mit mir und sprach: Siehe, die gegen Mitternacht ziehen, machen meinen Geist ruhen im Lande gegen Mitternacht.

9 Und des HERRN Wort geschah zu mir und sprach:

10 Nimm von den Gefangenen, von Heldai und von Tobia und von Jedaja, und komm du dieses selben Tages und gehe in Josias, des Sohnes Zephanjas, Haus, wohin sie von Babel gekommen sind,

11 und nimm Silber und Gold und mach Kronen und setze sie aufs Haupt Josuas, des Hohenpriesters, des Sohnes Jozadaks,

12 und sprich zu ihm: So spricht der Herr Zebaoth: Siehe, es ist ein Mann, der heißt Zemach; denn unter ihm wird's wachsen und er wird bauen des HERRN Tempel.

13 Ja, den Tempel des HERRN wird er bauen und wird den Schmuck tragen und wird sitzen und herrschen auf seinem Thron, wird auch Priester sein auf seinem Thron, und es wird Friede sein zwischen den beiden.

14 Und die Kronen sollen dem Helem, Tobia, Jedaja und der Freundlichkeit des Sohnes Zephanjas zum Gedächtnis sein im Tempel des HERRN.

15 Und es werden kommen von fern, die am Tempel des HERRN bauen werden. Da werdet ihr erfahren, daß mich der Herr Zebaoth zu euch gesandt hat. Und das soll geschehen, so ihr gehorchen werdet der Stimme des HERRN, eures Gottes.

7. Kapitel

Nicht am äußerlichen Fasten, sondern an Werken der Barmherzigkeit hat Gott Gefallen.

1 Und es geschah im vierten Jahr des Königs Darius, daß des HERRN Wort geschah zu Sacharja am vierten Tage des neunten Monats, welcher heißt Chislev,

2 da die zu Beth-El, nämlich Sarezer und Regem-Melech samt ihren Leuten, sandten, zu bitten vor dem HERRN,

3 und ließen sagen den Priestern, die da waren um das Haus des Herrn Zebaoth, und den Propheten: Muß ich auch noch weinen im fünften Monat und mich enthalten, wie ich solches getan habe nun so viele Jahre?

4 Und des Herrn Zebaoth Wort geschah zu mir und sprach:

5 Sage allem Volk im Lande und den Priestern und sprich: Da ihr fastetet und Leid truget im fünften Monat und siebenten Monat diese siebzig Jahre lang, habt ihr mir so gefastet?

6 Oder da ihr aßet und tranket, habt ihr nicht für euch selbst gegessen und getrunken?

7 Ist's nicht das, was der HERR predigen ließ durch die vorigen Propheten, da Jerusalem bewohnt war und hatte die Fülle samt ihren Städten umher und Leute wohnen gegen Mittag und in den Gründen?

8 Und des HERRN Wort geschah zu Sacharja und sprach:

9 Also sprach der Herr Zebaoth: Richtet recht, und ein jeglicher beweise an seinem Bruder Güte und Barmherzigkeit;

10 und tut nicht unrecht den Witwen, Fremdlingen und Armen; und denke keiner wider seinen Bruder etwas Arges in seinem Herzen!

11 Aber sie wollten nicht aufmerken und kehrten mir den Rücken zu und verstockten ihre Ohren, daß sie nicht hörten,

12 und machten ihre Herzen wie ein Demant, daß sie nicht hörten das Gesetz und die Worte, welche der Herr Zebaoth sandte in seinem Geiste durch die vorigen Propheten. Daher so großer Zorn vom Herrn Zebaoth gekommen ist;

13 und es ist also ergangen; gleichwie gepredigt ward, und sie nicht hörten, so wollte ich auch nicht hören, da sie riefen, spricht der Herr Zebaoth.

14 Also habe ich sie zerstreut unter alle Heiden, die sie nicht kannten, und ist das Land hinter ihnen Wüst geblieben, daß niemand darin wandelt noch wohnt, und ist das edle Land zur Wüstung gemacht.

8. Kapitel

Verheißung künftigen Heils für das Volk Gottes, welches die Heiden reizen wird, auch den wahren Gott zu suchen.

1 Und des HERRN Wort geschah zu mir und sprach:

2 So spricht der Herr Zebaoth: Ich eifere um Zion mit großem Eifer und eifere um sie in großem Zorn.

3 So spricht der HERR: Ich kehre mich wieder zu Zion und will zu Jerusalem wohnen, daß Jerusalem soll eine Stadt der Wahrheit heißen und der Berg des Herrn Zebaoth ein Berg der Heiligkeit.

4 So spricht der Herr Zebaoth: Es sollen noch fürder wohnen in den Gassen zu Jerusalem alte Männer und Weiber und die an Stecken gehen vor großem Alter;

5 und der Stadt Gassen soll sein voll Knaben und Mädchen, die auf ihren Gassen spielen.

6 So spricht der Herr Zebaoth: Ist solches unmöglich vor den Augen dieses übrigen Volkes zu dieser Zeit, sollte es darum auch unmöglich sein vor meinen Augen? spricht der Herr Zebaoth.

7 So spricht der Herr Zebaoth: Siehe, ich will mein Volk erlösen vom Lande gegen Aufgang und vom Lande gegen Niedergang der Sonne;

8 und will sie herzubringen, daß sie zu Jerusalem wohnen; und sie sollen mein Volk sein, und ich will ihr Gott sein in Wahrheit und Gerechtigkeit.

9 So spricht der Herr Zebaoth: Stärket eure Hände, die ihr höret diese Worte zu dieser Zeit durch der Propheten Mund, des Tages, da der Grund gelegt ist an des Herrn Zebaoth Hause, daß der Tempel gebaut würde.

10 Denn vor diesen Tagen war der Menschen Arbeit vergebens, und der Tiere Arbeit war nichts, und war kein Friede vor Trübsal denen,

die aus und ein zogen; sondern ich ließ alle Menschen gehen, einen jeglichen wider seinen Nächsten.

11 Aber nun will ich nicht wie in den vorigen Tagen mit den übrigen dieses Volkes fahren, spricht der Herr Zebaoth;

12 sondern sie sollen Same des Friedens sein. Der Weinstock soll seine Frucht geben und das Land sein Gewächs geben, und der Himmel soll seinen Tau geben; und ich will die übrigen dieses Volkes solches alles besitzen lassen.

13 Und soll geschehen, wie ihr vom Hause Juda und vom Hause Israel seid ein Fluch gewesen unter den Heiden, so will ich euch erlösen, daß ihr sollt ein Segen sein. Fürchtet euch nur nicht und stärket eure Hände.

14 So spricht der Herr Zebaoth: Gleichwie ich euch gedachte zu plagen, da mich eure Väter erzürnten, spricht der Herr Zebaoth, und es reute mich nicht,

15 also gedenke ich nun wiederum in diesen Tagen, wohlzutun Jerusalem und dem Hause Juda. Fürchtet euch nur nicht.

16 Das ist's aber, was ihr tun sollt: Rede einer mit dem andern Wahrheit, und richtet recht, und schafft Frieden in euren Toren;

17 und denke keiner Arges in seinem Herzen wider seinen Nächsten, und liebt nicht falsche Eide! denn solches alles hasse ich, spricht der HERR.

18 Und es geschah des Herrn Zebaoth Wort zu mir und sprach:

19 So spricht der Herr Zebaoth: Die Fasten des vierten, fünften, siebenten und zehnten Monats sollen dem Hause Juda zur Freude und Wonne und zu fröhlichen Jahrfesten werden; allein liebet die Wahrheit und Frieden.

20 So spricht der Herr Zebaoth: Weiter werden noch kommen viele Völker und vieler Städte Bürger;

21 und werden die Bürger einer Stadt gehen zur andern und sagen: Laßt uns gehen, zu bitten vor dem HERRN und zu suchen den Herrn Zebaoth; wir wollen auch mit euch gehen.

22 Also werden viele Völker und die Heiden in Haufen kommen, zu suchen den Herrn Zebaoth zu Jerusalem, zu bitten vor dem HERRN.

23 So spricht der Herr Zebaoth: Zu der Zeit werden zehn Männer aus allerlei Sprachen der Heiden einen jüdischen Mann bei dem Zipfel ergreifen und sagen: Wir wollen mit euch gehen; denn wir hören, daß Gott mit euch ist.

9. Kapitel

Demütigung der Heiden. Verheißung eines friedlichen und mächtigen Königs, des Messias.

1 Dies ist die Last, davon der HERR redet über das Land Hadrach und die sich niederläßt auf

Damaskus (denn der HERR schaut auf die Menschen und auf alle Stämme Israels);

2 dazu über Hamath, die daran grenzt; über Tyrus und Sidon auch, die sehr weise sind.

3 Denn Tyrus baute sich eine Feste und sammelte Silber wie Sand und Gold wie Kot auf der Gasse.

4 Aber siehe, der HERR wird sie verderben und wird ihre Macht, die sie auf dem Meer hat, schlagen, und sie wird mit Feuer verbrannt werden.

5 Wenn das Askalon sehen wird, wird sie erschrecken, und Gaza wird sehr Angst werden, dazu Ekron; denn ihre Zuversicht wird zu Schanden, und es wird aus sein mit dem König zu Gaza, und zu Askalon wird man nicht wohnen.

6 Zu Asdod werden Fremde wohnen; und ich will der Philister Pracht ausrotten.

7 Und ich will ihr Blut von ihrem Munde tun und ihre Greuel von ihren Zähnen, daß sie auch sollen unserm Gott übrigbleiben, daß sie werden wie Fürsten in Juda und Ekron wie die Jebusiter.

8 Und ich will selbst um mein Haus das Lager sein wider das Kriegsvolk, daß es nicht dürfe hin und her ziehen, daß nicht mehr über sie fahre der Treiber; denn ich habe es nun angesehen mit meinen Augen.

9 Aber du, Tochter Zion, freue dich sehr, und du, Tochter Jerusalem, jauchze! Siehe, dein

König kommt zu dir, ein Gerechter und ein Helfer, arm, und reitet auf einem Esel und auf einem jungen Füllen der Eselin.

10 Denn ich will die Wagen abtun von Ephraim und die Rosse von Jerusalem, und der Streitbogen soll zerbrochen werden; denn er wird Frieden lehren unter den Heiden; und seine Herrschaft wird sein von einem Meer bis ans andere und vom Strom bis an der Welt Ende.

11 Auch lasse ich durchs Blut deines Bundes los deine Gefangenen aus der Grube, darin kein Wasser ist.

12 So kehrt euch nun zu der Festung, ihr, die ihr auf Hoffnung gefangen liegt; denn auch heute verkündige ich, daß ich dir Zwiefältiges vergelten will.

13 Denn ich habe mir Juda gespannt zum Bogen und Ephraim gerüstet und will deine Kinder, Zion, erwecken über deine Kinder, Griechenland, und will dich machen zu einem Schwert der Riesen.

14 Und der HERR wird über ihnen erscheinen, und seine Pfeile werden ausfahren wie der Blitz; und der Herr, HERR, wird die Posaune blasen und wird einhertreten wie die Wetter vom Mittag.

15 Der Herr Zebaoth wird sie schützen, daß sie um sich fressen und unter sich treten die Schleudersteine, daß sie trinken und lärmen wie vom Wein und voll werden wie das Becken und wie die Ecken des Altars.

16 Und der HERR, ihr Gott, wird ihnen zu der Zeit helfen als der Herde seines Volks; denn wie edle Steine werden sie in seinem Lande glänzen.
17 Denn was haben sie doch Gutes, und was haben sie doch Schönes! Korn macht Jünglinge und Most macht Jungfrauen blühen.

10. Kapitel

Das Volk wird aus der Gewalt der Unterdrücker befreit, gesammelt und neu gesegnet.

1 So bittet nun vom HERRN Spätregen, so wird der HERR Gewölk machen und euch Regen genug geben zu allem Gewächs auf dem Felde.
2 Denn die Götzen reden, was eitel ist; und die Wahrsager sehen Lüge und reden vergebliche Träume, und ihr Trösten ist nichts; darum gehen sie in der Irre wie eine Herde und sind verschmachtet, weil kein Hirte da ist.
3 Mein Zorn ist ergrimmt über die Hirten, und die Böcke will ich heimsuchen; denn der Herr Zebaoth wird seine Herde heimsuchen, das Haus Juda, und wird sie zurichten wie ein Roß, das zum Streit geschmückt ist.
4 Die Ecksteine, Nägel, Streitbogen, alle Herrscher sollen aus ihnen selbst herkommen;
5 und sie sollen sein wie die Riesen, die den Kot auf der Gasse treten im Streit, und sollen

streiten; denn der HERR wird mit ihnen sein, daß die Reiter zu Schanden werden.

6 Und ich will das Haus Juda stärken und das Haus Joseph erretten und will sie wieder einsetzen; denn ich erbarme mich ihrer; und sie sollen sein, wie sie waren, da ich sie nicht verstoßen hatte. Denn ich, der HERR, ihr Gott, will sie erhören.

7 Und Ephraim soll sein wie ein Riese, und ihr Herz soll fröhlich werden wie vom Wein; dazu ihre Kinder sollen's sehen und sich freuen, daß ihr Herz am HERRN fröhlich sei.

8 Ich will ihnen zischen und sie sammeln, denn ich will sie erlösen; und sie sollen sich mehren, wie sie sich zuvor gemehrt haben.

9 Und ich will sie unter die Völker säen, daß sie mein gedenken in fernen Landen; und sie sollen mit ihren Kindern leben und wiederkommen.

10 Denn ich will sie wiederbringen aus Ägyptenland und will sie sammeln aus Assyrien und will sie ins Land Gilead und Libanon bringen, daß man nicht Raum für sie finden wird.

11 Und er wird durchs Meer der Angst gehen und die Wellen im Meer schlagen, daß alle Tiefen des Wassers vertrocknen werden. Da soll denn erniedrigt werden die Pracht von Assyrien, und das Zepter in Ägypten soll aufhören.

12 Ich will sie stärken in dem HERRN, daß sie sollen wandeln in seinem Namen, spricht der HERR.

11. Kapitel

Wehklage über untreue Hirten des Volkes.
Die Stäbe Huld und Eintracht.
Dreißig Silberlinge für den guten Hirten.

1 Tue deine Türen auf, Libanon, daß das Feuer deine Zedern verzehre!

2 Heulet ihr Tannen! denn die Zedern sind gefallen, und die Herrlichen sind verstört. Heulet, ihr Eichen Basans! denn der feste Wald ist umgehauen.

3 Man hört die Hirten heulen, denn ihre Herrlichkeit ist verstört; man hört die jungen Löwen brüllen, denn die Pracht des Jordans ist verstört.

4 So spricht der HERR, mein Gott: Hüte die Schlachtschafe!

5 Denn ihre Herren schlachten sie und halten's für keine Sünde, verkaufen sie und sprechen: Gelobt sei der HERR, ich bin nun reich! und ihre Hirten schonen ihrer nicht.

6 Darum will ich auch nicht mehr schonen der Einwohner im Lande, spricht der HERR. Und siehe, ich will die Leute lassen einen jeglichen in der Hand des andern und in der Hand seines Königs, daß sie das Land zerschlagen, und will sie nicht erretten von ihrer Hand.

7 Und ich hütete die Schlachtschafe, ja, die elenden unter den Schafen, und nahm zu mir

zwei Stäbe: einen hieß ich Huld, den andern hieß ich Eintracht; und hütete die Schafe.

8 Und ich vertilgte drei Hirten in einem Monat. Und ich mochte sie nicht mehr; so wollten sie mich auch nicht.

9 Und ich sprach: Ich will euch nicht hüten; was da stirbt, das sterbe; was verschmachtet, das verschmachte; und die übrigen fresse ein jegliches des andern Fleisch!

10 Und ich nahm meinen Stab Huld und zerbrach ihn, daß ich aufhöre meinen Bund, den ich mit allen Völkern gemacht hatte.

11 Und er ward aufgehoben des Tages. Und die elenden Schafe, die auf mich achteten, merkten dabei, daß es des HERRN Wort wäre.

12 Und ich sprach zu ihnen: Gefällt's euch, so bringet her, wieviel ich gelte; wo nicht, so laßt's anstehen. Und sie wogen dar, wieviel ich galt: dreißig Silberlinge.

13 Und der HERR sprach zu mir: Wirf's hin, daß es dem Töpfer gegeben werde! Ei, eine treffliche Summe, der ich wert geachtet bin von ihnen! Und ich nahm die dreißig Silberlinge und warf sie ins Haus des HERRN, daß es dem Töpfer gegeben würde.

14 Und ich zerbrach meinen andern Stab, Eintracht, daß ich aufhöbe die Bruderschaft zwischen Juda und Israel.

15 Und der HERR sprach zu mir: Nimm abermals das Gerät eines törichten Hirten.

16 Denn siehe, ich werde Hirten im Lande aufwecken, die das Verschmachtete nicht besuchen, das Zerschlagene nicht suchen und das Zerbrochene nicht heilen und das Gesunde nicht versorgen werden; aber das Fleisch der Fetten werden sie fressen und ihre Klauen zerreißen.

17 O unnütze Hirten, die die Herde verlassen! Das Schwert komme auf ihren Arm und auf ihr rechtes Auge! Ihr Arm müsse verdorren und ihr rechtes Auge dunkel werden!

12. Kapitel

Mächtiger Schutz Gottes über Jerusalem. Verheißung des guten Geistes. Klage des Volks über den, welche sie zerstochen haben.

1 Dies ist die Last des Wortes vom HERRN über Israel, spricht der HERR, der den Himmel ausbreitet und die Erde gründet und den Odem des Menschen in ihm macht.

2 Siehe, ich will Jerusalem zum Taumelbecher zurichten allen Völkern, die umher sind; auch Juda wird's gelten, wenn Jerusalem belagert wird.

3 Zur selben Zeit will ich Jerusalem machen zum Laststein allen Völkern; alle, die ihn wegheben wollen, sollen sich daran

zerschneiden; denn es werden sich alle Heiden auf Erden wider sie versammeln.

4 Zu der Zeit, spricht der HERR, will ich alle Rosse scheu und ihren Reitern bange machen; aber über das Haus Juda will ich meine Augen offen haben und alle Rosse der Völker mit Blindheit plagen.

5 Und die Fürsten in Juda werden sagen in ihrem Herzen: Es seien mir nur die Bürger zu Jerusalem getrost in dem Herrn Zebaoth, ihrem Gott.

6 Zu der Zeit will ich die Fürsten Juda's machen zur Feuerpfanne im Holz und zur Fackel im Stroh, daß sie verzehren zur Rechten und zur Linken alle Völker um und um. Und Jerusalem soll auch fürder bleiben an ihrem Ort zu Jerusalem. [Jerusalem aber wird auch weiterhin an seiner Stätte in Jerusalem bestehen bleiben! (7)]

7 Und der HERR wird zuerst die Hütten Juda's erretten, auf daß sich nicht hoch rühme das Haus David noch die Bürger zu Jerusalem wider Juda.

8 Zu der Zeit wird der HERR beschirmen die Bürger zu Jerusalem, und es wird geschehen, daß, welcher schwach sein wird unter ihnen zu der Zeit, wird sein wie David; und das Haus David wird sein wie Gott, wie des HERRN Engel vor ihnen.

9 Und zu der Zeit werde ich gedenken, zu vertilgen alle Heiden, die wider Jerusalem gezogen sind.

10 Aber über das Haus David und über die Bürger zu Jerusalem will ich ausgießen den Geist der Gnade und des Gebets; und sie werden mich ansehen, welchen sie zerstochen haben, und werden um ihn klagen, wie man klagt um ein einziges Kind, und werden sich um ihn betrüben, wie man sich betrübt um ein erstes Kind.

11 Zu der Zeit wird große Klage sein zu Jerusalem, wie die war bei Hadad-Rimmon im Felde Megiddos.

12 Und das Land wird klagen, ein jegliches Geschlecht besonders: das Geschlecht des Hauses David besonders und ihre Weiber besonders; das Geschlecht des Hauses Nathan besonders und ihre Weiber besonders;

13 das Geschlecht des Hauses Levi besonders und ihre Weiber besonders; das Geschlecht Simeis besonders und ihre Weiber besonders;

14 also alle übrigen Geschlechter, ein jegliches besonders und ihre Weiber auch besonders.

13. Kapitel

Gnadenfülle des neuen Bundes.
Tod des großen Hirten; Zerstreuung und
Wiedersammlung seiner Herde.

1 Zu der Zeit wird das Haus David und die Bürger zu Jerusalem einen freien, offenen Born

haben wider die Sünde und Unreinigkeit.

2 Zu der Zeit, spricht der Herr Zebaoth, will ich der Götzen Namen ausrotten aus dem Lande, daß man ihrer nicht mehr gedenken soll; dazu will ich auch die Propheten und unreinen Geister aus dem Lande treiben;

3 daß es also gehen soll: wenn jemand weiter weissagt, sollen sein Vater und seine Mutter, die ihn gezeugt haben, zu ihm sagen: Du sollst nicht leben, denn du redest Falsches im Namen des HERRN; und werden also Vater und Mutter, die ihn gezeugt haben, ihn zerstechen, wenn er weissagt.

4 Denn es soll zu der Zeit geschehen, daß die Propheten mit Schanden bestehen mit ihren Gesichten, wenn sie weissagen; und sollen nicht mehr einen härenen Mantel anziehen, damit sie betrügen;

5 sondern er wird müssen sagen: Ich bin kein Prophet, sondern ein Ackermann; denn ich habe Menschen gedient von meiner Jugend auf.

[vergleiche hierzu: 1. Korinther 14, 1 - 6 (8) 1. Korinther 14, 22 (9) 1. Korinther 14, 39 (10)]

6 So man aber sagen wird zu ihm: Was sind das für Wunden in deinen Händen? wird er sagen: So bin ich geschlagen im Hause derer, die mich lieben.

7 Schwert, mache dich auf über meinen Hirten und über den Mann, der mir der Nächste ist! spricht der HERR Zebaoth. Schlage den Hirten,

so wird die Herde sich zerstreuen, so will ich meine Hand kehren zu den Kleinen.

8 Und soll geschehen im ganzen Lande, spricht der HERR, daß zwei Teile darin sollen ausgerottet werden und untergehen, und der dritte Teil soll darin übrigbleiben.

9 Und ich will den dritten Teil durchs Feuer führen und läutern, wie man Silber läutert, und prüfen, wie man Gold prüft. Die werden dann meinen Namen anrufen, und ich will sie erhören. Ich will sagen: Es ist mein Volk; und sie werden sagen HERR, mein Gott!

14. Kapitel

Not Jerusalems. Göttliche Errettung. Strafe der Feinde. Herrlichkeit und Ausbreitung des Reiches Gottes. Alles wird dem Herrn heilig.

1 Siehe, es kommt dem HERRN die Zeit, daß man deinen Raub austeilen wird in dir.

2 Denn ich werde alle Heiden wider Jerusalem sammeln zum Streit. Und die Stadt wird gewonnen, die Häuser geplündert und die Weiber geschändet werden; und die Hälfte der Stadt wird gefangen weggeführt werden, und das übrige Volk wird nicht aus der Stadt ausgerottet werden.

3 Aber der HERR wird ausziehen und streiten wider diese Heiden, gleichwie er zu streiten pflegt zur Zeit des Streites.

4 Und seine Füße werden stehen zu der Zeit auf dem Ölberge, der vor Jerusalem liegt gegen Morgen. Und der Ölberg wird sich mitten entzwei spalten, vom Aufgang bis zum Niedergang, sehr weit voneinander, daß sich eine Hälfte des Berges gegen Mitternacht und die andere gegen Mittag geben wird.

5 Und ihr werdet fliehen in solchem Tal zwischen meinen Bergen, denn das Tal zwischen den Bergen wird nahe heranreichen an Azel, und werdet fliehen, wie ihr vorzeiten flohet vor dem Erdbeben zur Zeit Usias, des Königs Juda's. Da wird dann kommen der HERR, mein Gott, und alle Heiligen mit dir.

6 Zu der Zeit wird kein Licht sein, sondern Kälte und Frost.

7 Und wird ein Tag sein, der dem HERRN bekannt ist, weder Tag noch Nacht; und um den Abend wird es licht sein.

8 Zu der Zeit werden lebendige Wasser aus Jerusalem fließen, die Hälfte zum Meer gegen Morgen und die andere Hälfte zum Meer gegen Abend; und es wird währen des Sommers und des Winters.

9 Und der HERR wird König sein über alle Lande. Zu der Zeit wird der HERR nur einer sein und sein Name nur einer.

10 Und man wird gehen im ganzen Lande umher wie auf einem Gefilde, von Geba nach Rimmon zu, gegen Mittag von Jerusalem. Und sie wird erhaben sein und wird bleiben an ihrem Ort, vom Tor Benjamin bis an den Ort des ersten Tores, bis an das Ecktor, und vom Turm Hananeel bis an des Königs Kelter.

11 Und man wird darin wohnen, und wird kein Bann mehr sein; denn Jerusalem wird ganz sicher wohnen.

12 Und das wird die Plage sein, womit der HERR plagen wird alle Völker, so wider Jerusalem gestritten haben; ihr Fleisch wird verwesen, dieweil sie noch auf ihren Füßen stehen, und ihre Augen werden in den Löchern verwesen und ihre Zunge im Munde verwesen.

13 Zu der Zeit wird der HERR ein großes Getümmel unter ihnen anrichten, daß einer wird den andern bei der Hand fassen und seine Hand wider des andern Hand erheben.

14 Denn auch Juda wird wider Jerusalem streiten, und es werden versammelt werden die Güter aller Heiden, die umher sind, Gold, Silber, Kleider über die Maßen viel.

15 Und da wird dann diese Plage gehen über Rosse, Maultiere, Kamele, Esel und allerlei Tiere, die in demselben Heer sind, gleichwie jene geplagt sind.

16 Und alle übrigen unter allen Heiden, die wider Jerusalem zogen, werden jährlich

heraufkommen, anzubeten den König, den Herrn Zebaoth, und zu halten das Laubhüttenfest.

17 Welches Geschlecht aber auf Erden nicht heraufkommen wird gen Jerusalem, anzubeten den König, den Herrn Zebaoth, über die wird's nicht regnen.

18 Und wo das Geschlecht der Ägypter nicht heraufzöge und käme, so wird's über sie auch nicht regnen. Das wird die Plage sein, womit der HERR plagen wird alle Heiden, die nicht heraufkommen, zu halten das Laubhüttenfest.

19 Denn das wird eine Sünde sein der Ägypter und aller Heiden, die nicht heraufkommen, zu halten das Laubhüttenfest.

20 Zu der Zeit wird auf den Schellen der Rosse stehen: Heilig dem HERRN! und werden Kessel im Hause des HERRN gleich sein wie die Becken vor dem Altar.

21 Und es werden alle Kessel in Jerusalem und Juda dem Herrn Zebaoth heilig sein, also daß alle, die da opfern wollen, werden kommen und sie nehmen und darin kochen. Und wird kein Kanaaniter mehr sein im Hause des HERRN Zebaoth zu der Zeit.

Der Prophet Sacharja

Der Prophet Sacharja

Der Prophet Maleachi

Themen:
Gottes Liebe, die Korruption der Priester, die Sünden der Menschen, der Tag des Herrn

Hintergrund:
Die Menschen mit ihren Sünden und ihren unaufrichtigen Gottesdiensten und ihrer Korruption zu konfrontieren, sowie ihre Beziehung zu Gott wiederherzustellen

Der Prophet Maleachi

1. Kapitel

Israels Undankbarkeit. Bestrafung der Priester und des Volkswegen gesetzwidriger Opfer.

1 Dies ist die Last, die der HERR redet wider Israel durch Maleachi.

2 Ich habe euch lieb, spricht der HERR. So sprecht ihr: "Womit hast du uns lieb?" Ist nicht Esau Jakobs Bruder? spricht der HERR; und doch habe ich Jakob lieb

3 und hasse Esau und habe sein Gebirge öde gemacht und sein Erbe den Schakalen zur Wüste.

4 Und ob Edom sprechen würde: Wir sind verderbt, aber wir wollen das Wüste wieder erbauen! so spricht der Herr Zebaoth also: Werden sie bauen, so will ich abbrechen, und es soll heißen die verdammte Grenze und ein Volk, über das der HERR zürnt ewiglich.

5 Das sollen eure Augen sehen, und ihr werdet sagen: Der HERR ist herrlich in den Grenzen Israels.

6 Ein Sohn soll seinen Vater ehren und ein Knecht seinen Herrn. Bin ich nun Vater, wo ist meine Ehre? bin ich HERR, wo fürchtet man mich? spricht der Herr Zebaoth zu euch Priestern, die meinen Namen verachten. So

sprecht ihr: "Womit verachten wir deinen Namen?"

7 Damit daß ihr opfert auf meinem Altar unreines Brot. So sprecht ihr: "Womit opfern wir dir Unreines?" damit daß ihr sagt: "Des HERRN Tisch ist verachtet."

8 Und wenn ihr ein blindes opfert, so muß es nicht böse heißen; und wenn ihr ein Lahmes oder Krankes opfert, so muß es auch nicht böse heißen. Bringe es deinem Fürsten! was gilt's, ob du ihm gefallen werdest, oder ob er deine Person ansehen werde? spricht der Herr Zebaoth.

9 So bittet nun Gott, daß er uns gnädig sei! denn solches ist geschehen von euch. Meint ihr, er werde eure Person ansehen? spricht der Herr Zebaoth.

10 Daß doch einer unter euch die Türen zuschlösse, damit ihr nicht umsonst auf meinem Altar Feuer anzündet! Ich habe kein Gefallen an euch, spricht der Herr Zebaoth, und das Speisopfer von euren Händen ist mir nicht angenehm.

11 Aber von Aufgang der Sonne bis zum Niedergang soll mein Name herrlich werden unter den Heiden, und an allen Orten soll meinem Namen geräuchert werden und ein reines Speisopfer geopfert werden; denn mein Name soll herrlich werden unter den Heiden, spricht der Herr Zebaoth.

12 Ihr aber entheiligt ihn damit, daß ihr sagt: "Des HERR Tisch ist unheilig, und sein Opfer ist verachtet samt seiner Speise."

13 Und ihr sprecht: "Siehe, es ist nur Mühe!" und schlagt es in den Wind, spricht der Herr Zebaoth. Und ihr bringt her, was geraubt, lahm und krank ist, und opfert dann Speisopfer. Sollte mir solches gefallen von eurer Hand? spricht der HERR.

14 Verflucht sei der Betrüger, der in seiner Herde ein Männlein hat, und wenn er ein Gelübde tut, opfert er dem HERR ein untüchtiges. Denn ich bin ein großer König, spricht der Herr Zebaoth, und mein Name ist schrecklich unter den Heiden.

2. Kapitel

Strafpredigt wider die Priester und das Volk wegen ihrer Sünden, besonders der Ehe mit abgöttischen Weibern.

1 Und nun, ihr Priester, dies Gebot gilt euch.

2 Wo ihr's nicht hört noch zu Herzen nehmen werdet, daß ihr meinem Namen die Ehre gebt, spricht der Herr Zebaoth, so werde ich den Fluch unter euch schicken und euren Segen verfluchen, ja verfluchen werde ich ihn, weil ihr's nicht wolltet zu Herzen nehmen.

3 Siehe, ich will schelten euch samt der Saat und den Kot eurer Festopfer euch ins Angesicht werfen, und er soll an euch kleben bleiben.

4 So werdet ihr dann erfahren, daß ich solches Gebot zu euch gesandt habe, daß es mein Bund sein sollte mit Levi, spricht der Herr Zebaoth.

5 Denn mein Bund war mit ihm zum Leben und Frieden, und ich gab ihm die Furcht, daß er mich fürchtete und meinen Namen scheute.

6 Das Gesetz der Wahrheit war in seinem Munde, und ward kein Böses in seinen Lippen gefunden. Er wandelte vor mir friedsam und aufrichtig und bekehrte viele von Sünden.

7 Denn des Priesters Lippen sollen die Lehre bewahren, daß man aus seinem Munde das Gesetz suche; denn er ist ein Engel des Herrn Zebaoth.

8 Ihr aber seid von dem Wege abgetreten und ärgert viele im Gesetz und habt den Bund Levis gebrochen, spricht der Herr Zebaoth.

9 Darum habe ich auch euch gemacht, daß ihr verachtet und unwert seid vor dem ganzen Volk, weil ihr meine Wege nicht haltet und seht Personen an im Gesetz.

10 Haben nicht alle einen Vater? Hat uns nicht ein Gott geschaffen? Warum verachten wir denn einer den andern und entheilgen den Bund, mit unsern Vätern gemacht?

11 Denn Juda ist ein Verräter geworden, und in Israel und zu Jerusalem geschehen Gräuel. Denn Juda entheiligt, was dem HERRN heilig ist und

was er liebhat, und buhlt mit eines fremden Gottes Tochter.

12 Aber der HERR wird den, so solches tut, ausrotten aus der Hütte Jakobs, beide, Meister und Schüler, samt dem, der dem Herrn Zebaoth Speisopfer bringt.

13 Weiter tut ihr auch das: ihr bedeckt den Altar des HERRN mit Tränen und Weinen und Seufzen, daß ich nicht mehr mag das Speisopfer ansehen noch etwas Angenehmes von euren Händen empfangen.

14 Und so sprecht ihr: "Warum das?" Darum daß der HERR zwischen dir und dem Weibe deiner Jugend Zeuge war, die du verachtest, so sie doch deine Gesellin und ein Weib deines Bundes ist.

15 Also tat der Eine nicht, und war doch großen Geistes. Was tat aber der Eine? Er suchte den Samen, von Gott verheißen. Darum so sehet euch vor vor eurem Geist und verachte keiner das Weib seiner Jugend.

16 Wer ihr aber gram ist und verstößt sie, spricht der HERR, der Gott Israels, der bedeckt mit Frevel sein Kleid, spricht der Herr Zebaoth. Darum so seht euch vor vor eurem Geist und verachtet sie nicht.

17 Ihr macht den HERRN unwillig durch eure Reden. So sprecht ihr: "Womit machen wir ihn unwillig?" damit daß ihr sprecht: "Wer Böses tut, der gefällt dem HERRN, und zu solchen hat er Lust", oder: "Wo ist der Gott, der da strafe?"

Der Prophet Maleachi

3. Kapitel

*Von dem Vorläufer des Messias
und der Zukunft des Herrn.*

1 Siehe, ich will meinen Engel senden, der vor mir her den Weg bereiten soll. Und bald wird kommen zu seinem Tempel der HERR, den ihr suchet; der Engel des Bundes, des ihr begehret, siehe, er kommt! spricht der Herr Zebaoth.

2 Wer wird aber den Tag seiner Zukunft erleiden können, und wer wird bestehen, wenn er wird erscheinen? Denn er ist wie das Feuer eines Goldschmieds und wie die Seifen der Wäscher.

3 Er wird sitzen und schmelzen und das Silber reinigen; er wird die Kinder Levi reinigen und läutern wie Gold und Silber. Dann werden sie dem HERRN Speisopfer bringen in Gerechtigkeit,

4 und wird dem HERRN wohl gefallen das Speisopfer Juda's und Jerusalems wie vormals und vor langen Jahren.

5 Und ich will zu euch kommen und euch strafen und will ein schneller Zeuge sein wider die Zauberer, Ehebrecher und Meineidigen und wider die, so Gewalt und Unrecht tun den Tagelöhnern, Witwen und Waisen und den Fremdling drücken und mich nicht fürchten, spricht der Herr Zebaoth.

6 Denn ich bin der HERR und wandle mich nicht; und es soll mit euch Kindern Jakobs nicht gar aus sein.

7 Ihr seid von eurer Väter Zeit immerdar abgewichen von meinen Geboten und habt sie nicht gehalten. So bekehrt euch nun zu mir, so will ich mich zu euch auch kehren, spricht der Herr Zebaoth. So sprecht ihr: "Worin sollen wir uns bekehren?"

8 Ist's recht, daß ein Mensch Gott täuscht, wie ihr mich den täuschet? So sprecht ihr: "Womit täuschen wir dich?" Am Zehnten und Hebopfer.

9 Darum seid ihr auch verflucht, daß euch alles unter den Händen zerrinnt; denn ihr täuscht mich allesamt.

10 Bringt mir den Zehnten ganz in mein Kornhaus, auf daß in meinem Hause Speise sei, und prüft mich hierin, spricht der Herr Zebaoth, ob ich euch nicht des Himmels Fenster auftun werde und Segen herabschütten die Fülle.

11 Und ich will für euch den Fresser schelten, daß er euch die Frucht auf dem Felde nicht verderben soll und der Weinstock im Acker euch nicht unfruchtbar sei, spricht der Herr Zebaoth;

12 daß euch alle Heiden sollen selig preisen, denn ihr sollt ein wertes Land sein, spricht der Herr Zebaoth.

13 Ihr redet hart wider mich, spricht der HERR. So sprecht ihr: "Was reden wir wider dich?"

14 Damit daß ihr sagt: Es ist umsonst, daß man Gott dient; und was nützt es, daß wir sein Gebot halten und ein hartes Leben vor dem Herr Zebaoth führen?

15 Darum preisen wir die Verächter; denn die Gottlosen nehmen zu; sie versuchen Gott, und alles geht ihnen wohl aus.

16 Aber die Gottesfürchtigen trösten sich untereinander also: Der HERR merkt und hört es, und vor ihm ist ein Denkzettel geschrieben für die, so den HERRN fürchten und an seinen Namen gedenken.

17 Sie sollen, spricht der Herr Zebaoth, des Tages, den ich machen will, mein Eigentum sein; und ich will ihrer schonen, wie ein Mann seines Sohnes schont, der ihm dient.

18 Und ihr sollt dagegen wiederum den Unterschied sehen, was für ein Unterschied sei zwischen dem Gerechten und dem Gottlosen, und zwischen dem, der Gott dient, und dem, der ihm nicht dient.

4. Kapitel

1 (19) Denn siehe, es kommt ein Tag, der brennen soll wie ein Ofen; da werden alle Verächter und Gottlosen Stroh sein, und der künftige Tag wird sie anzünden, spricht der Herr Zebaoth, und wird ihnen weder Wurzel noch Zweige lassen.

2 (20) Euch aber, die ihr meinen Namen fürchtet, soll aufgehen die Sonne der Gerechtigkeit und Heil unter ihren Flügeln; und ihr sollt aus und eingehen und hüpfen wie die Mastkälber.

3 (21) Ihr werdet die Gottlosen zertreten; denn sie sollen Asche unter euren Füßen werden des Tages, den ich machen will, spricht der Herr Zebaoth.

4 (22) Gedenkt des Gesetzes Mose's, meines Knechtes, das ich ihm befohlen habe auf dem Berge Horeb an das ganze Israel samt den Geboten und Rechten.

5 (23) Siehe, ich will euch senden den Propheten Elia, ehe denn da komme der große und schreckliche Tag des HERRN.

6 (24) Der soll das Herz der Väter bekehren zu den Kindern und das Herz der Kinder zu ihren Vätern, daß ich nicht komme und das Erdreich mit dem Bann schlage.

Anhang und Register

(1) Züricher Bibel
(2) Menge Bibel
(3) Menge Bibel
(4) Elberfelder
(5) Menge Bibel
(6) Menge Bibel
(7) Menge Bibel

(8) 1. Korinther 14, 1 - 6

1 Strebet nach der Liebe! Fleißiget euch der geistlichen Gaben, am meisten aber, daß ihr weissagen möget!
 2 Denn der mit Zungen redet, der redet nicht den Menschen, sondern Gott; denn ihm hört niemand zu, im Geist aber redet er die Geheimnisse.
 3 Wer aber weissagt, der redet den Menschen zur Besserung und zur Ermahnung und zur Tröstung.
 4 Wer mit Zungen redet, der bessert sich selbst; wer aber weissagt, der bessert die Gemeinde.
 5 Ich wollte, daß ihr alle mit Zungen reden könntet; aber viel mehr, daß ihr weissagt. Denn der da weissagt, ist größer, als der mit Zungen redet; es sei denn, daß er's auch auslege, daß die Gemeinde davon gebessert werde.
 6 Nun aber, liebe Brüder, wenn ich zu euch käme und redete mit Zungen, was wäre es euch nütze, so ich nicht mit euch redete entweder durch Offenbarung oder durch Erkenntnis oder durch Weissagung oder durch Lehre?
(Luther Bibel 1545)

1 Jaget also der Liebe nach! Doch bemüht euch

(daneben) auch um die Geistesgaben, besonders aber um die Gabe der prophetischen Rede.

Der Unterschied zwischen der prophetischen Rede und der Zungenrede

2 Denn der Zungenredner redet nicht zu Menschen, sondern zu Gott; niemand versteht ihn ja, vielmehr redet er im Geist Geheimnisse.

3 Der prophetisch Redende dagegen redet zu Menschen zu ihrer Erbauung und Ermahnung und Tröstung.

4 Der Zungenredner erbaut sich selbst, der prophetisch Redende dagegen erbaut die Gemeinde.

5 Ich möchte, daß ihr allesamt mit Zungen redetet, aber noch lieber, daß ihr prophetische Redegabe besäßet; denn der prophetisch Redende steht über dem Zungenredner, es müßte denn sein, daß er (das von ihm Geredete) auch auslegt, damit die Gemeinde Erbauung dadurch empfängt.

6 So aber, liebe Brüder – wenn ich als Zungenredner zu euch käme, was würde ich euch da nützen, wenn ich an euch nicht (auch) Worte der Offenbarung oder Erkenntnis, der prophetischen Zusprache oder der Belehrung richtete?

(Menge Bibel)

Vergleiche hierzu auch Elberfelder, Züricher u.a.

(9) 1. Korinther 14, 22

22 Darum sind die Zungen zum Zeichen nicht den Gläubigen, sondern den Ungläubigen; die Weissagung aber nicht den Ungläubigen, sondern den Gläubigen.

(Luther Bibel 1545)

Das Zungenreden ist also nicht ein Zeichen für die Glaubenden, sondern für die Ungläubigen, die Prophetie dagegen ist nicht ein Zeichen für die Ungläubigen, sondern für die Glaubenden.
(Züricher Bibel)

Vergleiche hierzu auch Elberfelder, Menge u.a.

(10) 1. Korinther 14, 39

39 Darum, liebe Brüder, fleißiget euch des Weissagens und wehret nicht, mit Zungen zu reden.
40 Lasset alles ehrbar und ordentlich zugehen.
(Luther Bibel 1545)

39 Also, meine Brüder: bemüht euch eifrig um die Gabe prophetischer Beredsamkeit und hindert auch das Zungenreden nicht!
40 Laßt aber alles mit Anstand und in Ordnung vor sich gehen!
(Menge Bibel)

Vergleiche auch Elberfelder, Züricher u.a.

Anhang und Register